緊急出版!

第45代アメリカ大統領誕生

トランプ!

世界が変わる 日本が動く

渡邉哲也
Tetsuya Watanabe

ビジネス社

はじめに

グローバリズムとマスメディアの敗北

大手メディアや市場がまったく予期していなかった「トランプ大統領」が誕生した。選挙期間中、大半のメディアはすさまじいばかりの「アンチトランプ」ネガティブキャンペーンを仕掛けた。

米CNNなどは放送時間の九割をトランプ批判に費やし、「リベラル」を標榜(ひょうぼう)する新聞各紙も、全米一〇〇紙のうち五二紙がヒラリー支持の紙面を展開した。対照的にトランプ支持を表明したのはたった二紙であった。アメリカのみならず、日本を含めた、いわゆる西側諸国全体のメディアの論調がすべてそうであった。

したがって、報道各社はトランプ勝利などまったく想定外。トランプ優勢が明らかになり始めると、にわかに選挙報道番組の様子がお葬式モードに変わりだした。

これはイギリスのブレグジットでも同様であったが、いまや世論調査の権威は完全に失墜したといっていい。

投票日前日の十一月七日にフジサンケイビジネスアイの「高論卓説」に世論調査は当て

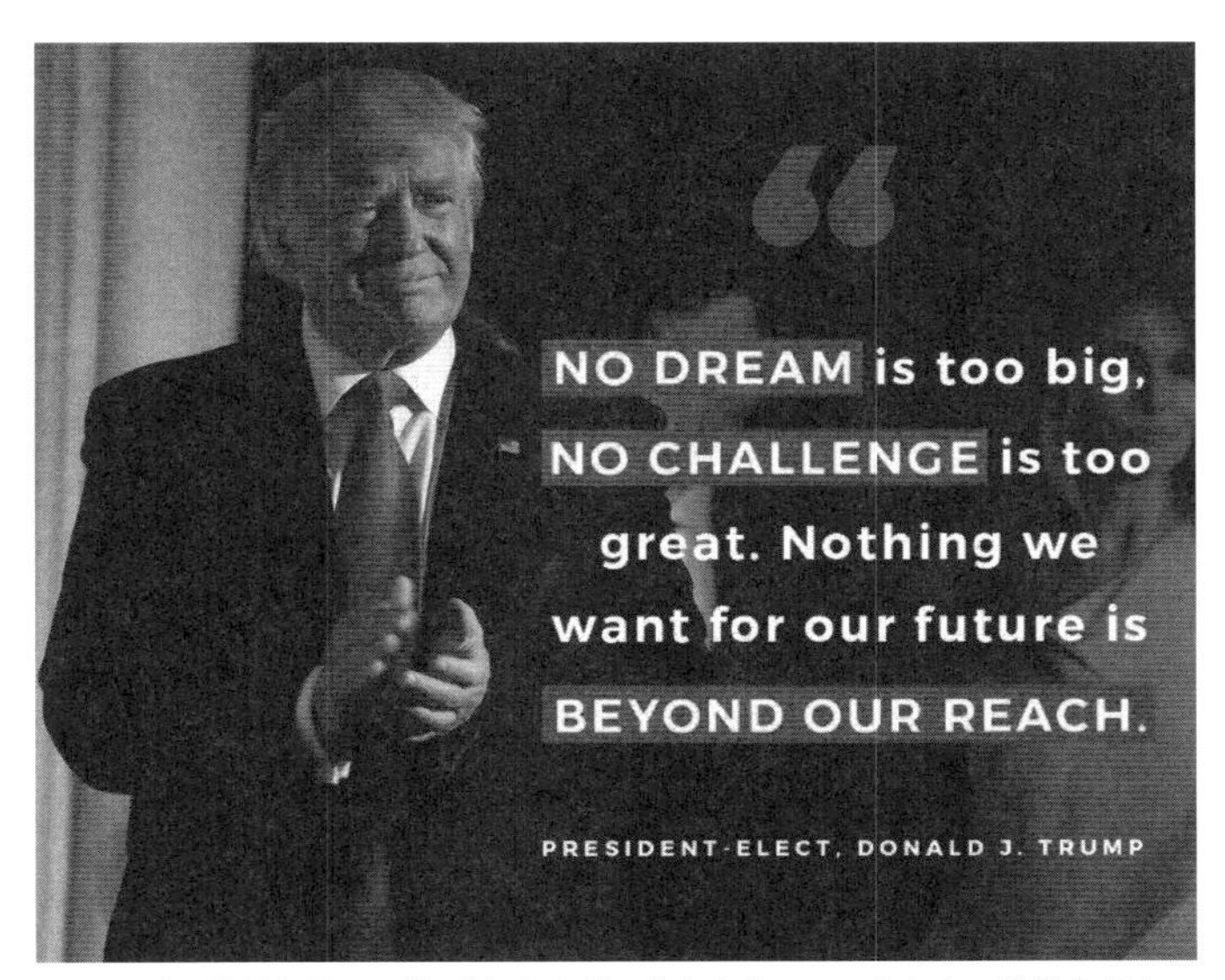

トランプの勝利宣言の一節。「大きすぎる夢などない。かなわない挑戦などない。私たちの未来は可能性にあふれている」とアメリカ人を力強く勇気づけている。

にならず、トランプ大統領誕生がありうるというコラムを私は書いたが、予想通りの結果となった。

世論調査がほころびを見せたのは、大統領予備選挙でCNNが結果を外したことから始まっていた。いうまでもなく、出口調査とは投票ずみの有権者へのヒアリングである。本来、外れることなどあってはならない。

CNNをはじめとしてメディアはトランプに対して「レイシスト」、その支持者に対して「低所得者層」などと過剰なレッテルを貼(は)っていたために、出口調査ではみな「ヒラリー」と答えざるをえなかった。それでも実際はトランプに投票していたのである。つまりメディアのバッシングが酷すぎたあまり、有権者の本音を封じ込めてしまったのである。なんてことはない、大量の「隠れ支持者」をつくったのはメディアだったのである。これはメディアの自殺であろう。

今後、トランプを「レイシスト」呼ばわりしていたコメンテーターや識者がどんな顔して世界一の大国である新大統領を論評するのかが、テレビや新聞を読む見どころとなろう。

さて、トランプ大統領誕生によって世界はどうなるのであろうか。

じつは「トランプ大統領」は歴史のなかの一個のムーブメントにすぎない。ものごとには原因があって過程があって結果が生じる。

振り返ると、二〇一四年二月のロシア・ソチオリンピックの直後。クリミア半島におけるウクライナとの国境紛争により、米露は冷戦構造に突入した。

二〇一五年の十二月二十七日には、南シナ海をめぐるアメリカの「航行の自由」作戦により、今度は米中冷戦構造に突入した。

翌一六年の一月、台湾で総統選挙が行われ、親中派の国民党が敗れて台湾独立派が勝利するという画期的な出来事が起きた。

そして六月にはイギリスのブレグジット（欧州離脱）、イタリアでも欧州離脱を説く「五つ星運動」の女性市長が誕生した。そうした世界の奔流がアメリカのトランプを大統領に押し上げたのである。

この一連の出来事の基底にあるのは反グローバリズムであろう。いや、グローバリズムは完全に終わったといっていい。これまでグローバリズムを牽引（けんいん）してきた米英みずからがグローバリズムを否定してみせたのであるから。

プーチン、エルドアン、モディ、ドゥテルテ、トランプ、そして安倍総理と国民の支持率が高い「ナショナリスト」たちばかりが世界の主流になっている。いずれもメディアが悪しざまに罵（ののし）ってきた指導者たちなのである。

ここに至るまでいくつかポイントがある。

前述のように、メディアがつくり上げた大衆世論がすべての世論であった時代から、インターネットなどのメディアの誕生により、レガシィメディア（新聞や雑誌、テレビやラジオ）が選択肢の一つへと没落した時代に変わった。それはマスメディアがつくり上げてきた、従来のメディア世論に対する大衆の激しい拒絶となって表に出た。「ヘイト」や「人権」の名のもとに、メディアはさまざまなムーブメントを起こしてきた。同時に「言葉狩り」や「バッシング」によって政治家たちの議論を封じた。多くの有識者といわれる人たちも本音を表に出せなくなってきた。その典型がヨーロッパにおける難民問題であろう。

難民受け入れの世論は漂着したシリアの子供の遺体によって高まり、ドイツのメルケル首相は国民に支持された。じっさいに大量の難民がドイツに入ったことから、今度は地域住民とさまざまな軋轢（あつれき）が起こり、難民への拒絶反応となった。一五年十一月に起きたフランスのパリ・テロ事件が決定打となり、全ヨーロッパの世論は難民受け入れ拒否へと完全にひっくり返ったのである。

トランプの勝因も、不法移民の排斥が脚光を浴びたことが、ヨーロッパと事情を同じくする。

「不法移民の排斥」を「移民排斥」とすり替えて報じてきたのが、リベラル（私にいわせれば、「意識の高いバカ」、「勉強のできるバカ」、「弾圧好きの人権派」）メディアである。これに対して強い違和感を持っていた人たちが多かったのである。

彼らに対する違和感は日本においても止まらない。

一四年に起きた朝日新聞における二つの「吉田証言」問題、メディアが持ち上げたものの笛吹けど踊らずでおしまいになったＳＥＡＬＤｓ（シールズ）問題、「土人」発言でネガティブキャンペーンを繰り広げようとしたものの、革マル派をはじめとする左翼活動家の実態が暴露された沖縄ヘリ問題。

これらの問題もレガシィメディアが支配している時代では、国民は事実を知りうることもないまま、メディアは世論支配に成功していただろう。なぜなら日本社会はアメリカ以上に多くのサイレントマジョリティーを抱えている。日々の生活を大切にし、勤勉に働き、多少の不満はこらえながらも政治的には大きな変革は望まない、かつて中間層といわれた人たちだ。ところが、とうとうメディアがコントロールできなくなったのが、いまの日本の実状である。

ポリティカル・コレクトネスなど差別や人権を利用して聖域をつくってきた人たちの利権や大手メディア、有識者という名の売国奴がつくってきた世論は破壊されつつある。そして、そこで始まるのは大衆と大衆の支持を受けた政治家の反撃であり、これは現代版レッドパージとも呼べるものであろうか。

また、グローバリストや新自由主義者が目指すものは、極端に小さい政府である。これは畢竟（ひっきょう）、国家の否定であり、アナーキスト（無政府主義者）や革命を求める勢力とも親和性の高いものであるといえる。

同時にパナマ文書をきっかけに、租税回避して不当な利益をあげるアップルやアマゾンなどグローバル企業へのバッシングが、すでに始まっている。トランプ大統領誕生後、連日最高値を更新するダウ工業平均のなかで、ＩＴ企業のみ下落しているのも大衆の怒りの象徴と見ることもできるだろう。

そして、このようなグローバリストたちの多くが民主党政権の支持者であったことも否めない。当然にして、敗戦処理と戦勝側支配のなかで、グローバリストやグローバル企業がスケープゴートになるのは間違いのないところであろう。

すでに選挙や国民投票が終わった国々では、これが始まりつつある。たとえば台湾では国民党の不正資産の追及が進み、国民党系企業の不正の清算が始まっている。また、英国でもブレグジット以降、キャメロン元首相、オズボーン元財務大臣シンパの議員と官僚たちの排除が始まった。

そのような世界の潮流に日本だけが無傷ですむはずはないであろう。

本書ではトランプにスポットを当てながら、世界で起きている新しい潮流についても語るものである。

渡邉哲也

はじめに　グローバリズムとマスメディアの敗北――2

第1章

トランプ大統領誕生の真実

世界を驚かせるトランプの一〇〇日計画――18
TPP離脱と日本の次の一手――22
不法移民三〇〇万人は即時に強制送還――24
反トランプデモの正体――26
法人税減税と租税回避阻止はワンセット――27
異例尽くしの大統領選挙――30
誰がトランプを支持したのか――36

ヒラリー嫌いの本質　39
大統領になれなかったヒラリーの末路　42
メディアの歪曲報道は確信犯　44
カネのかかる選挙ビジネスの崩壊　49
世界が変わる大きなパラダイムシフト　53
二〇一七年、選挙イヤーの欧州でナショナリストが台頭　54
パナマ文書、ブレグジット、トランプ大統領を結ぶ線　57
共産党エリートのアメリカへの不正資金もターゲット　59

トランプ外交で日米露が接近する

議会との関係がカギをにぎる　64
副大統領マイク・ペンスとは　66

事実上のナンバー2　69
最側近は保守強硬派と家族　72
どうなる日米同盟　74
トランプの外交政策は「警察」ではなく「警備員」　78
メディア「飛ばし」の元凶　83
外交はビジネスである　85
トランプとプーチンは馬が合う　86
米露接近は日本の利益　89
北方領土問題で過剰な期待は禁物　91
親中派のヒラリー敗北で米中関係が激変　94
世界中で見せる「中国排除」の動き　96
南シナ海、アセアン諸国、インド、オーストラリアとの連携　100
アメリカと中国のパワーバランス　102
強い大統領に見合う強い国に日本はなれ　105

第3章 トランプショックの嘘とグローバル金融の崩壊

トランプは円高か円安か　108
ドルの世界支配体制はいかにできたか　112
世界経済の変調はドルの流れにある　114
なぜドル高なのに円高になるのか　118
世界を混乱させても利上げする理由　121
ドイツ銀行ショックが世界金融危機を誘発する　123
トランプ大統領で米英対欧州の金融対立が深まる　126
ブレグジットもトランプ大統領もなぜ日本市場が影響受けるのか　128

断末魔の中韓が日本を襲う

トランプ大統領でも後手にまわる韓国 132
造船も海運も共倒れ 137
現代も頼みの綱のサムスンも八方塞がり 139
韓国を弱体化させたのもグローバリズム 142
在韓米軍慰安婦問題がトランプの逆鱗に触れる 145
結局は自業自得 147
止まらない資金流失と人民元安 149
中国の輸出にトランプがとどめを刺す 151
中国進出企業のジレンマ 153
内需まで低下 156
巨額献金阻止で中国のアメリカへの影響を排除 159

人民元の行方 162

トランプ大統領で復活する日本

日本経済を取り巻く状況 166
日本経済の問題の根幹はデフレ 168
政治の責任 171
周回遅れの学者と官僚 173
人命尊重のあまり議論を封鎖するメディア 174
トランプとドゥテルテで変わった政治の「言葉」 176
難民・移民問題の本質 178
日本のリベラルも完全に終わり 180
グローバリズムとはなんだったのか 181

世界で見直された日本型ビジネスモデル――183
グローバリズム崩壊は若い人たちのチャンス――186

おわりに

世界が変わる第一歩――189

トランプ大統領誕生の真実

世界を驚かせるトランプの一〇〇日計画

まさかのトランプ大統領誕生で、世界中が動揺を隠せない。なかでも一番の関心は、トランプはアメリカ国民となにを約束し、具体的になにを変えるのか、そのことにより世界および日本にどのような影響をあたえるのか、ということであろう。

そこで、トランプの一〇〇日計画の内容を分析することから本書を始めたい。

ニュースサイト『BusinessNewsline』(「トランプ大統領、就任100日で行う政策を予想する」http://business.newsln.jp/news/201611110209330000.html)によれば、トランプの一〇〇日計画を以下の二八の公約にわける。

- 議会に対して議員の再選回数に制限を設ける憲法修正を提案
- 歳費削減のため、連邦職員数に上限を設ける(軍、警察、健康関連機関は除く)
- 新しい連邦法を導入する場合には、既存の連邦法2件を撤廃することを条件に科す
- ホワイトハウスと連邦職員がロビイストに転向することについて5年間の禁止期間を制

12分野の政策案の主な内容

①防衛・安全保障	過激思想、核、サイバー攻撃への対応強化
②移民	南部国境への壁建設
③エネルギーの独立	石油・石炭の採掘に関する規制見直し
④税制	税率の引き下げ、公平化
⑤規制	政府肥大化を招く規制の見直し
⑥貿易改革	雇用の国外流出を抑止
⑦教育	教育機会の充実
⑧交通・インフラ	整備に5500億ドル投資
⑨金融	金融規制強化法を新法に置き換え
⑩医療	オバマケアを廃止
⑪退役軍人	退役軍人のケア充実
⑫憲法上の権利擁護	武器の携帯などの権利を守る最高裁判事の任命

（出所）朝日新聞（2016年11月13日付）

定
- ホワイトハウス職員が外国政府のロビイストとなることについて永久禁止
- 外国のロビイストがアメリカ内の選挙に資金を提供することを完全禁止
- 北米自由貿易協定（NAFTA）からの脱退を表明
- 環太平洋戦略的経済連携協定（TPP）への参加離脱を表明
- 中国による通貨操作に対する制裁の実施を財務長官に指示
- 外国による不公正貿易に関する調査の実施を商務長官に指示
- アメリカ国内のシェールガス、天然ガス、石炭産業に対する規制撤廃

- Keystoneパイプライン計画の推進強化
- 国連気候変動プログラムへの数十億ドルの拠出の停止
- オバマ大統領によるすべての違憲の大統領令の撤回
- 最高裁判事の新人事に着手
- 環境保護対策の連邦支出の停止
- 200万人の違法移民の国外退去措置の実施（ビザの再調査も含む）
- テロを誘発している危険国家、危険地域からの移民者受け入れを一時停止

また、以下は議会と協調して実施する新法案づくりの内容である。

- 中所得者層向け所得減税と課税区分の簡素化法の制定
- 企業のオフショアを利用した課税逃れに対する規制強化法の制定
- 民間による国内エネルギー事業への投資の促進を促す新エネルギー法の制定
- 義務教育におけるコモンコア制度の廃止（児童が入学する学校は保護者が自由に選ぶことを可能にする）

- オバマケアの範囲の縮小もしくは撤廃
- 児童と高齢者の医療費負担削減法の制定（児童や高齢者が医療費を負担した場合には企業が負担するその費用負担分を全額非課税扱いにする）
- 違法移民の国内での就労を野放しにしている移民関連法の強化およびメキシコとの国境に壁を構築するための関連法の制定
- 刑法の見直しを進めることにより、地域社会での犯罪発生率を抑え、安全な社会を作る
- 退役軍人の再雇用を進めるための関連法の整備
- 国政に絡む汚職を追放するための汚職関連法案の整備

このうち、まっ先にやるであろうといわれているのが、ＴＰＰ離脱と不法移民の強制送還、法人税減税、中国を「為替操作国」に指定して報復的関税四五％をかけることであろう。

中国については第4章で詳しく論じるとして、ここでは不法移民と税制について、まず考えていきたい。

ＴＰＰ離脱と日本の次の一手

十一月二十二日、トランプは記者会見においてＴＰＰは大統領就任日に離脱すると改めて表明した。北米自由貿易協定（ＮＡＦＴＡ）の再交渉とともに、ＴＰＰ交渉からの離脱はトランプの重要な選挙公約の一つであり、これを行うと言明した。

しかしその一方で、二国間の自由貿易協定等を押し進めてゆくとも表明した。

また、アメリカと欧州の間で進めていた自由貿易協定（ＦＴＡ）である環大西洋貿易投資協定（ＴＴＩＰ）も、中断に追い込まれる可能性が高いとＥＵ側は悲観している。

トランプは海外に進出している生産拠点をアメリカ国内に回帰させることにより、雇用を創出しようとしているのである。

一方、日本政府はＴＰＰの承認案・関連法案が十一月十日の衆院本会議で自民、公明両党、日本維新の会などの賛成多数で可決した。十一日には参院で審議入りし、今国会で成立する見通しとなり、粛々と進めていた。これが無意味になったといえよう。

しかし、同時にトランプはアメリカにとって有利な二国間協定を各国と締結していくと

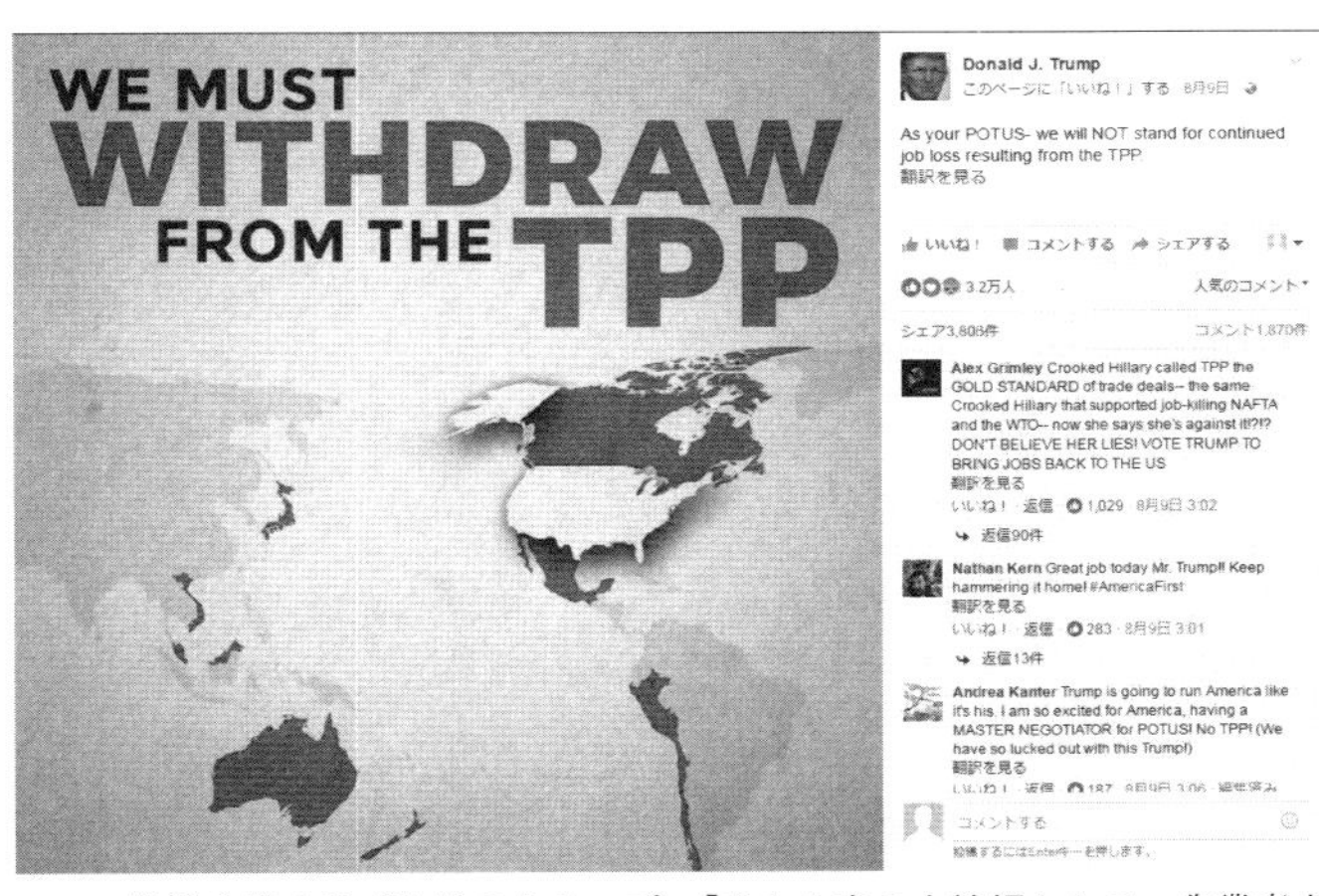

TPPの撤退を強く呼びかけるトランプ。「あなた方の大統領として、失業者を増やすTPPを認めることなど決してありえない」と述べている。

しており、日米間においてもTPPに類似するような協定が結ばれる可能性が高い。ただこのさいにもTPPのように、海外の企業や投資家が投資相手国の規制により損失を被った場合、賠償を国際投資紛争解決センターに求めることができるISD（投資家対国家間の紛争解決条項、ISDSとも）など、日本の産業界にとって問題な項目が少なくないのである。

TPP加盟国の一部ではアメリカ抜きのTPPを成立させたいという動きもある。日本政府としても対応を迫られると思われる。

日本も中曽根政権のころから東アジア共同体構想はあったのである。また、一九九〇年にはマレーシアのマハティール首相（当時）がＥＡＥＣ（東アジア経済協議体）を提唱したほどだ。ただし、ＴＰＰが頓挫したことで中国が主導する東アジア地域包括的経済連携（ＲＣＥＰ）が今後アジアの自由貿易協定を牽引することになろう。

この問題を含めアジアにおける日本のプレゼンスをどのように維持していくか、当面の大きな課題となるであろう。

不法移民三〇〇万人は即時に強制送還

トランプは大統領選挙の公約に不法移民の強制送還を掲げ、それが国民の大きな賛同を得た。そして大統領選出後、すぐにこれに取り掛かるとしたわけである。アメリカが抱えるとされる不法移民は一一〇〇万人、このうち犯罪歴があったり麻薬取引に関わる三〇〇万人程度を即時に強制送還するとしたわけだ。若干は後退したが、これは大きな政策転換となる。

二〇一二年オバマ大統領は、不法移民一一〇〇万人に永住権や市民権を与えることを選挙公約にした。リベラルをうたう民主党オバマ大統領らしい政策であり、選挙対策的側面が強いといえる。

しかし、議会がねじれているなかで共和党の反発などにより、移民法改正は通らず、大統領令により一部の移民に権利を与えるにとどまった。これに対しても共和党の地盤であるテキサス州などを中心に、憲法違反であるとし、解消を求める訴訟が起きている。オバマの大統領令を取り消す権限は大統領にあるため、トランプはすぐさま手を入れるであろう。

一部で間違った形で伝えられているが、トランプが問題にしていたのはこの違法に入国した人たちであり、彼らの強制送還である。決して移民の排斥ではないのだ。法治国家である以上、違法に入国したものを強制送還するのは当然の話である。一度、強制送還したうえで、移民を希望する者は正規の手続きで再入国し、資格を得るべきであるといっているにすぎない。これはもっともの話であろう。

そしてトランプの計画では、このなかで素行不良のものを即時強制送還、よい市民に対しては改めて再考するとしたわけである。現実的な選択として、違法な移民に自己申告させ、そのうえで、生活手段の有無や生活基盤などを考慮して、正規の移民手続きをとるように指導するなどの政策が採られるものと思われる。

また、メキシコとの国境にも壁をつくることを改めて明言した。これは壁だけでなくフェンスの強化などを含むとし、比較的現実的なものに転換されつつある。

反トランプデモの正体

トランプ当選後、反トランプデモが各地で行われ、それがメディアによるトランプ批判の材料になっている。

デモの主体は、カリフォルニアなど民主党の支持エリアであり、不法移民の多い地域が中心であることを忘れてはいけない。

これは当然ともいえる。不法移民からすれば、強制送還される可能性が高い。生活がかかっているため、これに強く反発するわけである。

また、デモにさいしては、アメリカ国旗を燃やすなど過激な行為も目立っている。だが、その行為そのものが彼らの立ち位置を暗に示しているのだ。善良なアメリカ人であれば、国家の象徴であるアメリカ国旗を燃やすなどありえない。

異なる民族の集合体である移民の国のアメリカにとって、国旗こそ国家の象徴であり、それは尊ぶべき存在であるわけだ。多くの善良なアメリカ人はアメリカ国旗を日本以上に大切にしており、尊重しているわけである。これを燃やすなどというのはありえないのである。

すでにデモの首謀者は特定されている。そのなかには在米韓国人の名前があると伝えられている。

法人税減税と租税回避阻止はワンセット

次に、法人税問題である。これは日本も無関係ではない。これまで日本では企業の法人税の実効税率を関係の深いアメリカにイコールフッティングさせてきた。企業の本社移転を防止するための方策であり、外国人などの株主対策の側面もあったからだ。

今回、トランプ大統領は法人税率を一五%にするというのを選挙公約に掲げている。所属する共和党も二〇%が公約だ。このため、どちらにしても引き下げられる可能性が高く、日本としても、これにすり合わせる作業が必要になるわけだ。

一部のメディアや評論家などは、日本国内だけを見て、法人税引き下げは間違っているなどと主張している。ところが本社を法人税の安い国へ移転されてしまえば、知的財産権部分などの収入を失う。他国で得た利益も本社地に持っていかれるわけで、そうなれば大きな税収減となる。つまり、木を見て森を見ずの議論でしかないのだ。

また国際的な租税回避阻止の話し合いのなかでも、各国の法人税を二〇%前後に統一し、税源の奪い合いをやめようという議論がすでに出ていたわけである。そうした国際社会の前提において、法人税率を引き下げるという政府方針が出ていたのである。

このアメリカが出す一五%から二〇%という数字には、英国の法人税率引き下げも関係する。英国は現在二〇%の法人税を段階的に一五%以下に引き下げる予定だ。英国と法律や制度、言語の多くを共有しているアメリカもこれに引きずられる形になっているわけだ。

ただし、この引き下げは単なる引き下げではなく、租税回避阻止とセットで行われることになる。すでに国際社会の合意として、税源侵食と租税回避を許さないという基本方針がある。タックス・ヘイブンなどを利用した租税回避や脱税行為ができなくなるかわりに、税率を引き下げるというものである。いくら税率そのものを下げても、タックス・ヘイブンを利用した租税回避を行われれば意味がない。このような資金を国内にとどめるとともに、フラットな課税を行うというのがこの趣旨である。

法人実効税率の国際比較

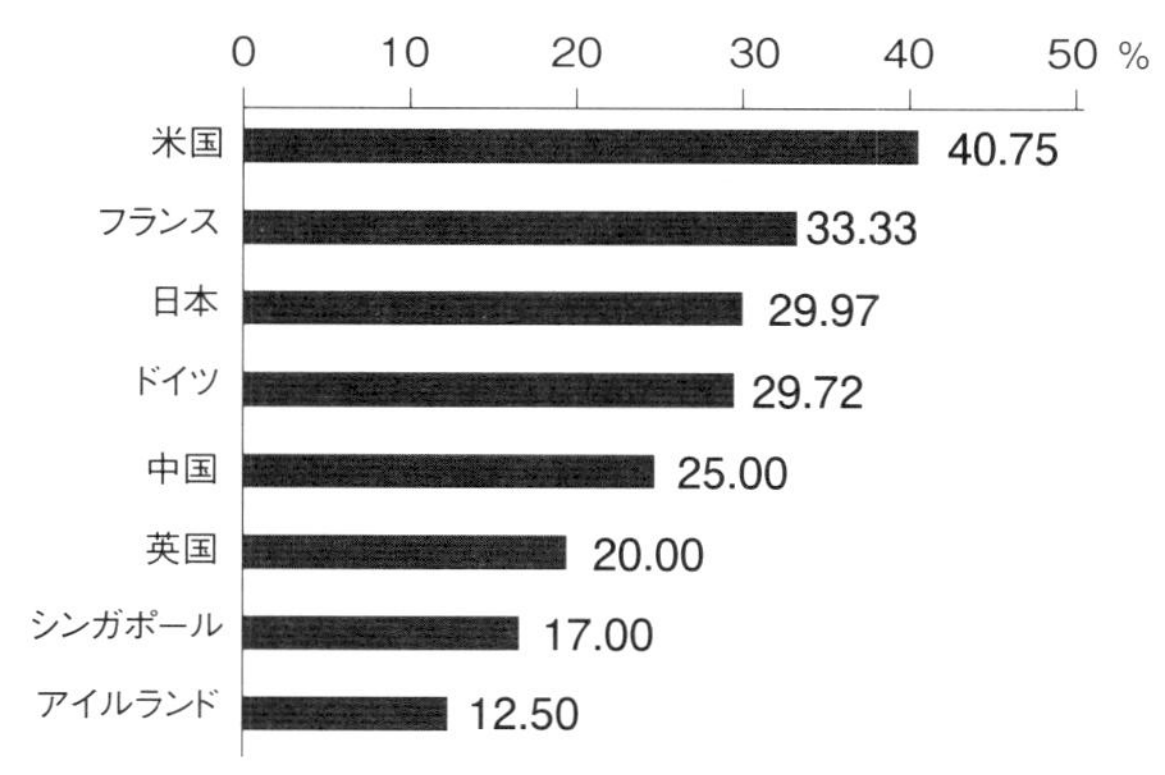

※2016年4月時点、国税と地方税を合わせた税率。米国はカリフォルニア州、ドイツは全国平均、財務省調べ

アメリカでは二〇一五年からFATCA(外国口座税務コンプライアンス)法が制定されている。すでにさまざまな法制度の変更や運用変更により、租税回避行為に対する対応が進んでいる。日本でも同様である。すでに二〇一五年から富裕層をターゲットにした出国税が導入されており、来年度の税制改革でもペーパーカンパニー課税や知的財産権などを移転しても国内課税される制度の導入など、租税回避の穴がふさがりつつある。

この前提のうえで、国際的な税率に合わせるという話なのである。

異例尽くしの大統領選挙

また、十一月二十八日に最後まで確定していなかったミシガン州一六もトランプの獲得が決まった。選挙人の総獲得数はトランプが三〇六人に対しヒラリーの二三二人。過半数は二七〇人であるから、終わってみれば、接戦どころかトランプの快勝といっていい結果であろう。

トランプの勝利とともに共和党は上院選挙でも五一人と過半数（五〇人）を超えたため、六年ぶりに「ねじれ」を解消したことになる。

余談になるが、慰安婦問題を主導し反日的行動を行ってきたマイク・ホンダ氏（民主党、カリフォルニア州選出）もあえなく落選した。

それはともかくトランプの公約は明確で「アメリカ・ファースト」、すなわち一九八〇年代の誰もが憧（あこが）れた古き良き時代のアメリカをイメージさせる選挙であったといえよう。

また、国家の安全保障を課題とし、同時に移民問題や各国との貿易摩擦に対して、保護主義的な政策を明言したのも特徴的だった。簡単にいえば、一九八〇年代の中高齢層にはあ

アメリカ大統領選 数字は州別の選挙人の数

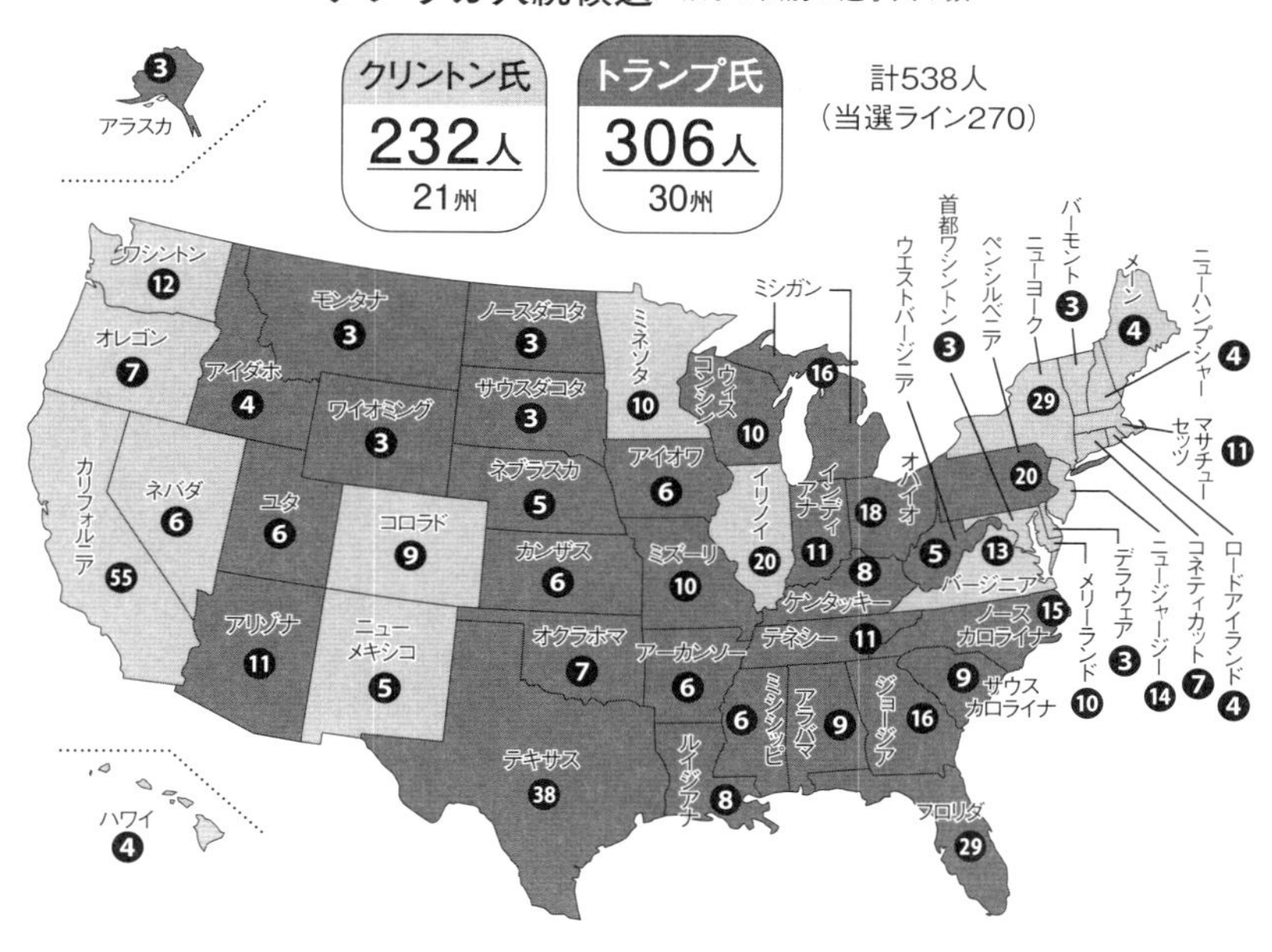

米上下院選挙前後の勢力

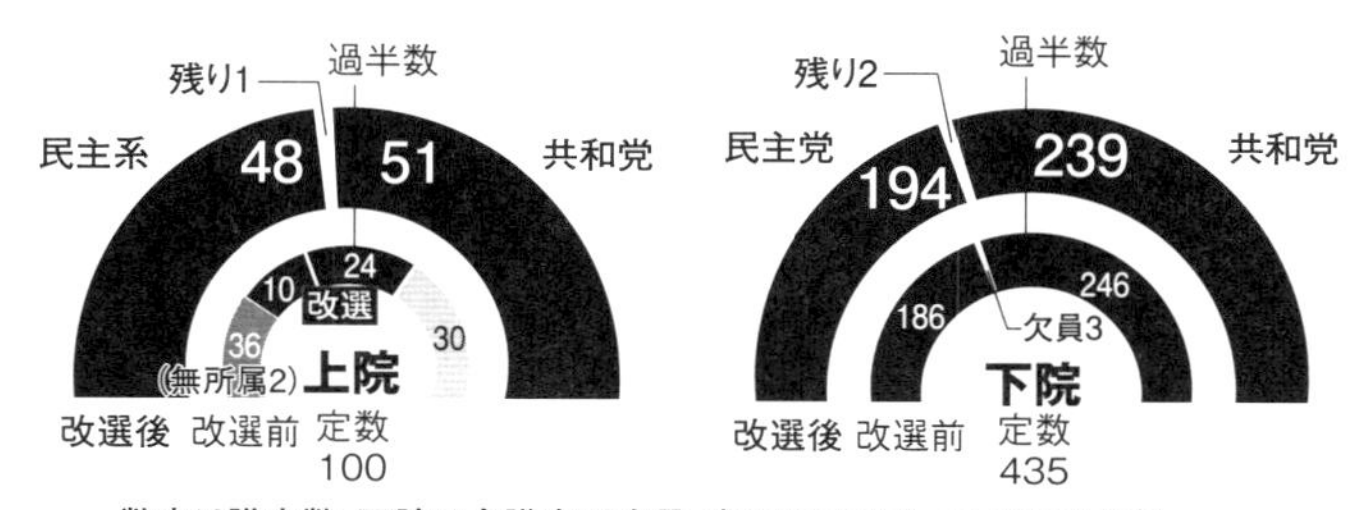

数字は議席数。下院は全議席が改選。米CNNによる。11月30日現在

の輝いていたアメリカを取り戻すと明言し、若年層には中国や新興国からの輸入をやめ、仕事を与えると訴えたわけだ。

ここでアメリカの大統領選挙を簡単に解説しよう。

まず民主共和両党の予備選挙が開かれ、そこで代議員の過半数をとったものが勝利する。伝統的に、選挙制度は各州の党の支部に委ねられている。州により総取り州と比例配分、そして、勝者に多くの票が割り振られるハイブリッドの州が存在する。同日選挙が行われる州も多く、選挙集中日をスーパー・チューズデー、ミニスーパー・チューズデーと呼ぶ。スーパー・チューズデーとは、大統領選挙のための予備選もしくは党員集会が、もっとも多くの州で行われる火曜日のことである。

この言葉が最初に使われたのは一九八〇年であり、アメリカの公共ラジオ「ＮＰＲ」によると、現在のようにさらに多くの州で予備選や党員集会が同日に行われるようになったのは、一九八八年のことだという。より穏健な民主党の候補を選びたかった南部のいくつかの州が、民主党予備選を同じ日に開催したのだ。しかしこの目的は果たされず、テネシー州選出の上院議員アル・ゴアとジェシー・ジャクソンが票を分け合い、結局マサチューセッツ州知事のマイケル・デュカキスが候補者に選ばれた。以降、スーパー・チューズデーに予備選挙を実施する州は年ごとに異なっている。

ちなみに、なぜ火曜日かというと、キリスト教徒であった人々は日曜日を安息日として休み、家族とともに過ごす。そのため、翌日の月曜日を投票日にすると、広大な国土のアメリカでは投票所から遠くに住む人は前日の日曜日の一日をかけて馬車などで来なければならない。これでは安息日とはならない。遠方の人も日曜日は休み、月曜日の一日をかけて投票所をめざし、火曜日なら投票が行える。こうして、開拓時代から行われた伝統としてアメリカでは投票日は火曜日となっている。

このような仕組みであるため、選挙において、戦術が必要とされている。より代議員の多い州で勝つことが要求されるのである。候補はそれを取捨選択し、票を読みながら選挙戦を戦うわけだ。これは陣取りゲームのようなものであり、頭脳ゲームの要素が強いのだ。そして選挙が進むにつれて、勝てないと判断された候補者から脱落者が出る構造になっている。

選挙を進めるには、巨大な選対を移動させ、キャンペーンを続ける金が必要であり、勝てない候補者には金が集まらなくなってゆくわけである。

候補者が離脱するさいには、他の候補に推薦を与えたり、協力関係を申し出たりすることが多い。これはある意味保険であり、投資的側面が大きい。推薦や協力関係の候補が勝った場合、自分の地位が確保され、支持者や支援者などにも恩恵が期待できるからである。また、民主と共和には大きな差がある。民主党の場合、議員や政党幹部などの特別代議員の存在が大きく、選挙結果がそのまま最終投票に影響を与えにくい構図になっている。民主党ではヒラリーがこの特別代議員の票をほとんど固めており、バーニー・サンダースには当初から勝ちの目がなかったわけである。

そのため当初からサンダースの支持者は、これを不公平であると批判し続けた。このような状況のなかでも戦い続け、善戦し続けたサンダースは評価されるべきものなのだろう。

そして、この民主党の分裂が最終的な本戦での勝敗にも大きな影響を与えたとされる。アメリカでは伝統的に民主党が勝ち続けている青い州と伝統的に共和党が勝ち続けている赤い州が存在する。

そして、選挙のたびに勝敗が変わる揺れる州（スイング・ステート）が存在する。

アメリカ最大の選挙人数五五を抱えるカリフォルニアは青い州であり、民主党の拠点である。政党基盤が強い州をひっくり返すのは、ほぼ不可能に近いと考えられている。だか

トランプ支持者の庭先に立つ「Make America Great Again（強いアメリカよ、もう一度）」というスローガン。没落する大国に危機感を抱く庶民の共感を呼んだ。

ら勝てない州は捨てて、候補者は揺れる州にその総力を集中する構造なのである。

そして、今回トランプが勝つには、揺れる州をほぼすべて勝つ必要があり、これは非常に困難と見られていた。しかし、ふたを開けてみると、揺れる州をほぼ確保し、なんと青い州の一部も取り込む勢いだったのである。

選挙後、民主党やメディアの一部で、総得票数ではヒラリーが勝っているという事実を強調し、トランプの勝利を否定する声も出ていた。しかし、これはカリフォルニアの得票差の範囲であり、現状の選挙制度に合わせた選挙戦の結果でしかない。全国一律の投票であるならば、異なった戦い方をしたと思われるからである。

誰がトランプを支持したのか

今回の大統領選の投票結果を分析すると、はっきりとした対立軸が見えてくる。たとえば選挙結果で、トランプは各州でも農村部や郊外の選挙区、ヒラリーは都市部の選挙区という特徴があった。

この構図は大都市に住むニューカマーと従来の保守的なアメリカ人との対立であり、郊外に住む保守層の多くがトランプを支持したといえよう。

リベラルと呼ばれる有権者の間でも古くから住む住人たちの多くがトランプを支持した。また、人種差別的な発言によりヒスパニック系やカラードの支持を得られないとメディアは報じていたが、彼らの多くがトランプに投票していたことが明らかとなった。

なぜかといえば、有権者であるヒスパニック系はトランプを支持し、不法移民やニューカマーは選挙権を持っていないからだ。既存の選挙権を持つヒスパニック系は自分たちがアメリカ国内において蔑(さげす)まれるのは、不法移民による不法就労のためであると認識してい

キリスト教右派の大物テレビ伝道師を父に持つリバティ大学学長ジェリー・ファルウェル・ジュニア（右）とともに。トランプは中絶、同性愛を容認する一方、銃の所持など宗教右派の主張にも理解を示し、大票田である彼らの支持を確実にとりつけた。

る。このため不法移民の入国を禁じるトランプへの支持に至った。

また、民主党・共和党と二つの党にわけて選挙戦を戦っていたのであるが、結果として民主党のなかでもヒラリーを嫌いトランプに票を入れた議員もいるし、逆に共和党のなかでも本流から外れるトランプを避けヒラリーに投票した者もいたのが特徴的だ。

特にバーニー・サンダースを支持してきた社会主義的政策を好む民主党員の一部が、ヒラリーではなくトランプを支持したといわれている。また、ヒラリー落選確定時のサンダースへのインタビューだが、彼は嬉(うれ)しそうに私はヒラリーを応

ドッド・フランク法の概要

目的	金融危機の再発防止のため、2010年7月にオバマ政権で成立
主な内容	・預金や決済を行う銀行による高リスク取引を大幅に制限するルールの導入
	・高リスクなデリバティブ（金融派生商品）取引の禁止
	・FRB主導による金融機関を監督する協議会の設置
	・行き詰まった金融機関を秩序立って破綻させる制度を創設

→ 緩和ならメガバンクに追い風も

援したのに残念だったと述べていたのが印象的だった。

トランプ支持者は当初から「白人の低所得者層」といわれていた。ところが、所得が五万ドル以上の人からの得票はクリントンよりもむしろ高かった。ウォールストリートとの確執も取りざたされていたが、ドッド・フランク法（ウォール街改革・消費者保護法）の廃止などは必ずしも対立する政策ではない。当確後のアメリカダウが最高値をつけたことからもウォールストリートに支持者はいたと見ていいだろう。げんにトランプの娘婿（むすめむこ）もユダヤ人なのである。

そもそも不動産屋のトランプがウォールストリートと敵対して成り立つはずはない。不動産開発はCMBS（商業不動産担保証券：ホテル、ショッピング・モール、オフィスビルなど商業用の不動産に対して実施した融資をひとまとめにし、それを担保にして証券化した商品）などをもとにおカネを借りるのである。これを全部ファンディングしているのはウォールストリートの連中だからである。

さらに女性蔑視発言で女性の反発を招いたと報道されていたものの、全体でも善戦し、白人女性に限ればトランプのほうが多かった。

選挙戦においてトランプは家族を全面的に出し、勝利後も各所で家族を同席させた。その大きな意味の一つが、共和党的な家族主義を象徴するものであり、同時にヒラリーに対する選挙戦術でもあった。ヒラリーの場合、夫のビル・クリントン元大統領が不倫スキャンダルで叩かれた経緯があるため、家族を前面に出す選挙戦術ができなかった。

トランプは家族を全面的に出すことによって、イメージ戦略に成功したのである。家族人を演じることによって、「差別主義者」など批判に対するアンチテーゼの意味もあったのかもしれない。

ヒラリー嫌いの本質

それでは、ヒラリーの敗因はなんであろうか。

まず政策面では「アメリカ初の女性大統領」しかトピックがなかったことが挙げられる。

女性蔑視発言が相次いだにもかかわらず、白人女性の53%がトランプに投票。
一方、女性初の大統領を目指したヒラリーには43%しか投票しなかった。

演説会では「ガラスの天井」を主張するだけだった。つまり、目新しさに乏しい。トランプが出してきた政策に対し終始批判していただけで、ヒラリー自身がどういうアメリカにしたいか、という未来へのビジョンと明確な意思が見られなかった。

そもそもオバマ路線の継承を、新大統領誕生による急進的な改革を恐れた投資家たちに支持されていたにすぎないのである。その一方、トランプ支持者たちは変化を望んだ。

また、健康問題を抱えていた。政治家の健康、特にアメリカ大統領になろうという人の健康は重大な意味がある。さらに、もともと女性からの支持が圧倒的に低かったという背景がある。女性を武器にした選挙戦術に、かえってアレルギーを覚えた有権者（男性）も多かったのである。

同時にウォールストリートからの高額講演料問題、クリントン財団に対する中国をはじめとした外国からの高額寄付も嫌われた大きな理由であろう。

民主党候補として、バーニー・サンダースという民主社会主義を名乗る本当の左派勢力の存在により、ヒラリーの金権問題がクローズアップされた側面もある。高等教育の学費無料などサンダースは左派勢力が本当にやりたかった政策を打ち出し、ヒラリーは霞(かす)んでしまった。結果、サンダースの政策を取り入れることで民主党候補一本化となったわけだが、同時に独自性も失われてしまった。

経済政策で見ても、本来、ヒラリーとトランプは大差がなかった。しかし不満を持つ層、ルサンチマンをいだく層に支持されたトランプに対し、エリート意識むき出しで、旦那が元大統領という典型的なワシントン政治のヒラリーが嫌われたとＣＮＮなどは敗因を分析している。

大統領になれなかったヒラリーの末路

いったん収束に向かったはずのヒラリー候補の私用メール問題が再燃したのが、大きな敗因の一つと見る向きも少なくない。

げんにメール問題再燃前の多くの世論調査では、ヒラリー候補が五ポイント程度の差をつけて優勢であった。メール問題でにわかにメディアが接戦と報じ出し、実際の結果は当日フタを開けてみるまではわからないと言い出し始めていた。

ヒラリーはナンバー3である国務長官時代、国家の監視を受ける公的なメールではなく、国家機密をふくむ重大な情報を私的なメールアドレスで送っていた。したがって、国家の監視を受けたくない不正メールを送っていたというのが、その嫌疑だ。迷走したのが米連邦捜査局（ＦＢＩ）である。コミーＦＢＩ長官は七月にヒラリーのメールには不正はなく訴追せずと公表していたのを、なんと投開票日十一日前の十月二十八日に捜査を再開すると発表した。

わいせつ事件でアンソニー・ウェイナー元下院議員が辞職する事件が起きた。その妻が

メール問題に関してトランプは「ヒラリーを刑務所へ」を“公約”とした。フェイスブックにはこう書かれている。ヒラリー「トランプが法の執行者でなくてよかったわ」。トランプ「そりゃそうだろう。もしそうならお前は刑務所行きだ」。

ヒラリー側近で秘書のフーマ・アベディン氏である。夫と共有していたノートパソコンが捜査で押収され、そこにヒラリーから の新たな私用メールが見つかったのが、再捜査の理由であった。

クリントン陣営のポデスタ選対本部長は同日、この時期にFBIが捜査再開を明らかにしたのは「異常だ」としてFBIの対応を批判した。すると投票日の前々日にFBIはまたしても違法性はないと再調査の打ち切りを発表した。一部メディアが喧伝するように、ヒラリーが大統領になったあとの報復を恐れて、FBI長官が強引にメール問題の終結を発表したのではないか、ともいわれている。

しかし、ここでトランプ大統領が誕生した以上、ヒラリーへの追及が再開される可能性がある。ヒラリーは内心穏やかではないだろう。大統領選とともに上院下院も共和党が過半数を獲得しているので、FBI長官のクビが飛ぶ可能性は高い。いかんせん、ヒラリーに対し「あなたは刑務所に入ることになる」と公言していた人が大統領になったのである。

じっさいに、トランプが指揮権を発動し起訴するかしないかはわからないが（当確後「ヒラリーを傷つけたくない」と発言。温情を見せるのも一つの手だ！）、トランプにとって彼女を牽制するカードになり続けることは間違いないだろう。

メディアの歪曲報道は確信犯

それにしてもトランプ大統領誕生はブレグジットと同様に大手メディアが完全に予想を外した結果となった。ニューヨーク・タイムズは投票が締め切られる直前の時点で、世論調査をもとにクリントンの勝率を八四％と予想していたのである。

十一月十日付の日本の各紙は世論調査が間違う理由を分析している。

「問題のひとつは、米国民のほとんどが所持する携帯電話に対し、世論調査で利用することが多い自動音声のコンピューター通話が法律上、活用できないことだ。このため、調査対象は固定電話に限られることになる。だが、国内では固定電話を持たず携帯電話しか所有していない人の割合が43％に上っているため、調査対象はさらに限定されることになる。

加えて、1970年代には世論調査に応じる人の割合が8割近かったとされるが、近年は8％にまで下落しており、調査として信頼できるサンプル数が確保できていないこともある」（『読売新聞』）。

Los Angeles Times

STUNNING TRUMP WIN

HE TAKES KEY STATES FROM CLINTON, DEFYING POLLS

California elects its first black senator in Harris, legalizes pot

SIGNS WERE ALWAYS THERE

「衝撃的なトランプ勝利」との見出しが躍るLAタイムズの1面。さらに「彼は激戦州をクリントンから奪った、世論調査をひっくり返し」と、事前調査の誤りを指摘する文言が続いている。
©Polaris/amanaimages

しかし、そのような手法の問題点は選挙が終わるのを待つまでもなく、わかっていたことではないだろうか。逆にいえば、そうした問題があるにもかかわらず、大手メディアは確信犯的にクリントン優勢の情報を垂れ流していたことになる。

テレビや新聞などのマスメディアというのは公平な公器であると思っている。たとえば、新聞は言論メディアであるために、本来思想に関する制限はかからない。したがって、ペーパーメディアはみずからの主張を唱えることができる。

他方、放送メディアは放送法第四条によって公平性規定があるため、偏ったポジションをとることができない。もっとも日本の場合はクロスオーナーシップ――新聞社がテレビ局を持ち、テレビ局が新聞社を持つ企業構造となっているため、ペーパーメディアであっても、本音はともかく、建前上は公平性をうたっている。朝日新聞における「不偏不党」がその典型である。

それに対してアメリカのメディアは、明確に主義主張を打ち出している。もともとアメリカにおいても公平性に対する議論がされたことはあったが、それよりもメディアの多様性を優先した。ポジションを明確にせよ、と。

そのなかで生まれたのが共和党メディアであるフォックステレビであり、民主党支持のCBSテレビやABCテレビである。ポジションの違いを明確に打ち出すことによってメディア同士のパワーバランスを保つわけだ。

米メディアの出口調査

		トランプ氏	クリントン氏
性別	男性	53	41
	女性	42	54
	白人男性	63	31
	白人女性	53	43
年齢	18〜29歳	37	55
	30〜44歳	42	50
	45〜64歳	53	44
	65歳上	53	45
人種	白人	58	37
	非白人	21	74
学歴	大卒以上	43	52
	大卒未満	52	44
所得	5万ドル以上	49	47
	5万ドル未満	41	52
党派	民主	9	89
	共和	90	7
	無所属	48	42
投票を決めた時期	先週	47	42
	その前	47	49

（注）米CNNのデータを基に作成。　単位は%

米国の人種構成の変化が白人に緊張を生む

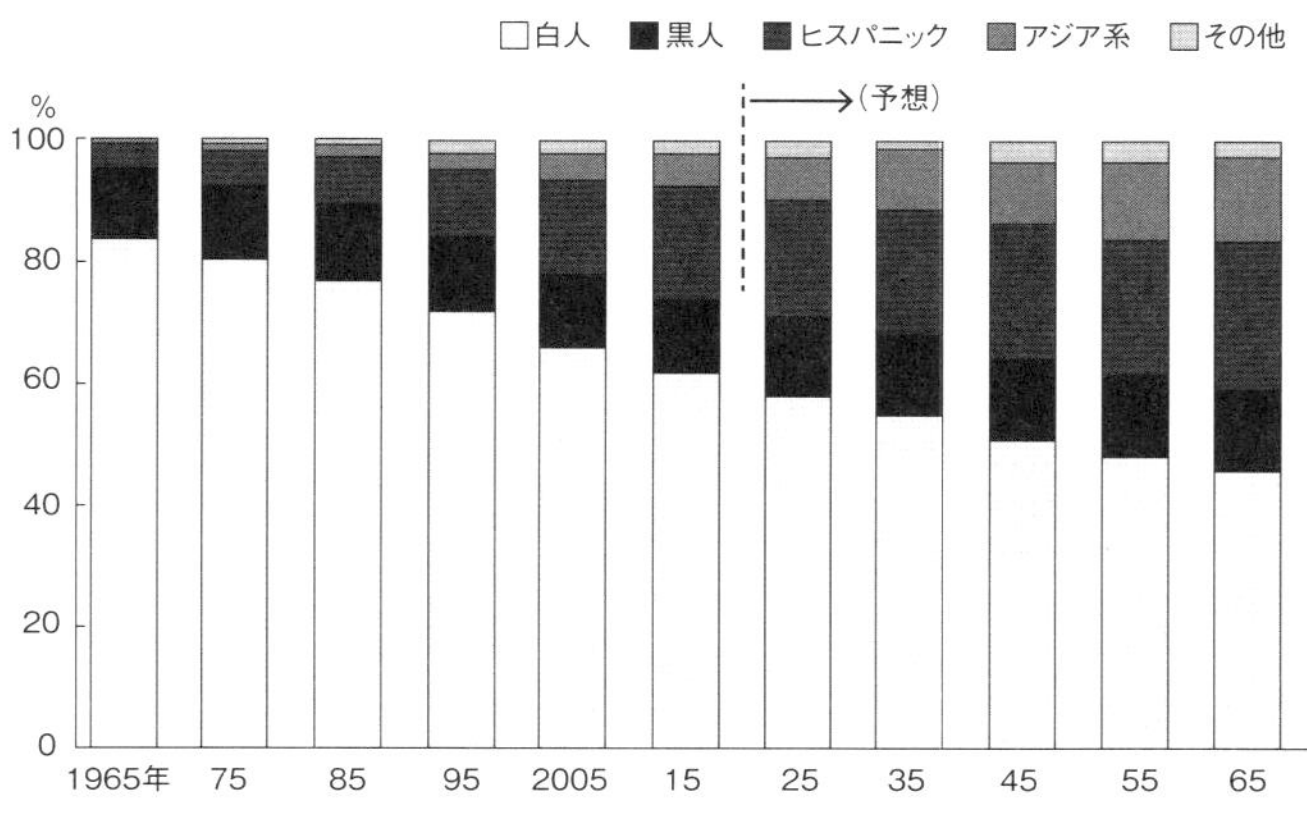

（出所）米ピュー・リサーチ・センター

日本において大統領選を含めアメリカ情勢が正しく伝えられないのは、アメリカメディアを鵜呑みにし、報道するからである。たとえば朝日新聞なら、リベラルで民主党寄りのニューヨーク・タイムズの論調をそのまま引用する。つまり、日本の新聞はトランプのネガティブキャンペーンに乗っかった報道をしていたわけである。

他方、共和党メディアであるフォックスやウォールストリート・ジャーナルにしても、支持するのはマルコ・ルビオやデット・クルーズといったバリバリの新自由主義者――いわゆる「小さな政府」を志向するグループであって、経済左派の立場をとるトランプとは相いれない。

そのため共和党に勝ってはもらいたいものの、トランプを積極的に支持する気もない。日本のメディアは公平規定を守ると称して、アメリカメディアの偏った報道をそのまま垂れ流すから、国民は本当のことが見えなくなるのである。むろんマスコミ関係者自身がそのような事情を知らないはずはないから、やはり確信犯的に歪んだ情報を垂れ流しているといえる。

カネのかかる選挙ビジネスの崩壊

私は投票日の前日である七日付「フジサンケイビジネスアイ」のコラム「高論卓説」に世論調査が当たらない理由を大手メディアにおける選挙ビジネスの崩壊として以下のように書いたが、その通りの結果で終わった。

「近年、世論調査の結果があてにならなくなってきたのである。その代表格が英国の欧州連合（ＥＵ）離脱を問う国民投票であり、投票日当日の世論調査の結果と現実の投票行動で異なる結果が出たからだ。

この理由としてはさまざまな要因があるが、世論調査に正しく答えない人が多いのが一番の要因であるのは間違いない。たとえば、英国の国民投票の場合、メディア、特に高学歴層や有識者の間では残留の声が強かった。それに対して、インターネットでは離脱の声が圧倒的に強かったわけである。

その結果として、世論調査では無難な残留と答え、実際には離脱に投票した人が大量に発生したのだと考えられている。そして、今回の米国大統領選挙では、英国の国民投票を

トランプ現象の震源地となったツイッターのトップ画面。ヒラリーとは400万人近いフォロワーの差をつけている。

超える結果の差異が生じることが予想される。

米国では放送法の縛りがないため、メディアが選挙の政党や候補者の支持を明確化し報じている。特にリベラルメディアは、予備選挙から約一年間にわたりトランプ批判とネガティブキャンペーンを繰り返した。

トランプ候補に対して、人権問題や女性問題などを連日大きく取り上げ、差別主義者のレッテルを貼り、批判し続けたわけである。当然、トランプ支持を打ち出した有名人なども同様の批判を受けた。このため、人前でトランプ支持を表明しにくい状況になっているのだ。そして、これが世論調査の結果を狂わせるとみられているわけだ。

また、一部メディアの過激すぎるネガティブキャンペーンは、メディアとネットなどの対立も生み出している。メディアの行う世論調査とネット上での世論調査に大きな差が出ているわけだ。かつて、これはユーザーの年齢層の違いなどが原因とされてきたが、現在のネット普及率を考えれば、そうでないことは明らかである。メディアへの批判票が一部トランプ氏に流れている。

つまり、トランプ氏の勝利は、米国メディアの選挙ビジネスが崩壊したことを意味する。通常、米国大統領選挙のコストは間接経費を含めると五千億円程度とされ、その多くがメディアに流れているといわれる。

しかし、今回トランプ氏は相手候補のネガティブキャンペーンを利用し、トランプ批判という形ではあるが、自己のメディアへの露出度を上げ、自己の政策を全米に広めることに成功した。これは広告媒体としてのメディアの全否定ともいえるものだったのだ。」すなわちメディアは自滅したのである。予測が外れた原因を「隠れトランプ支持者」が予想外に多かったとメディアや知識人はいうが、そもそも「隠れ支持者」を生み出した原因がメディアの選挙ビジネスにあったのだ。これでまたブレグジットに続き、米大統領選という大きなイベントでミスリードしたことが白日の下にさらされたわけである。

トランプがメディアへどの程度コストをかけたかは詳らかでないが、おそらくクリントン陣営の半分にも満たないであろう。メディアに金を遣わないトランプがメディアに嫌わ

トランプ支持を訴えるメキシコからの移民。報道されていたトランプの移民排斥政策が必ずしも、すべての移民にとっての脅威ではなかったことがわかる。

れる所以（ゆえん）である。

その一方でトランプ陣営はツイッターやフェイスブックなどネットを駆使した選挙戦を繰り広げた。一五〇〇万のフォロワーがいる。だからネットの世論媒体の支持は非常に高かった。ウォールストリート、ワシントン、大手メディアが総力をあげてトランプつぶしの組織戦を展開したヒラリーに対し、草の根のゲリラ戦でトランプは対抗し、勝利したのである。

世界が変わる大きなパラダイムシフト

これは明らかなパラダイムシフトである。ただし、この期に及んでメディアは「ポピュリズム（大衆迎合）」や「偏狭なナショナリズム（国家主義）」、「保護主義」が支持されたなどと問題の矮小化に躍起となっている。これはブレグジットのときと、まったく同じ反応だ。

ブレグジットと同じといえば、投票結果に対する大規模な反対デモが起きたこともそうだが、それこそ民主主義の全否定だとは思わないのだろうか。選挙結果を大衆迎合主義というのは有権者をバカ扱いしているのではないだろうか。

ことの本質はアメリカとともにグローバリズムを推進してきた欧州解体の序章なのである。離脱すれば「GDP（国内総生産）は二年間で三・六％減少する」「二年で五〇万人が職を失う」などイギリス経済が崩壊すると、EU離脱を問う国民投票の前にキャメロン元首相ら残留派はさんざん脅したものだ。ところが、ポンド安の影響で輸出は伸び、観光客も増え、喧伝されていたほどの落ち込みは見せていない。ブレグジットから一カ月後に出たＩＭＦレポートによると、二年後にはイギリスの経済成長はドイツやフランスを上回るだろうと予測した。その同じＩＭＦは離脱前に出したレポートが残留派に加担した内容であることをみずから認めていたのである。

離脱後のイギリスはしたたかだった。「ミニトランプ」と称された前ロンドン市長のボリス・ジョンソンが首相候補になって大混乱するかと思いきや、あっさり引っ込み、サッチャー以来の女性首相が離脱に向けてのプロセスを進めている。しかも、ＥＵを手玉に取るかたちで、ＥＵ各国と個別交渉を着々と進めている。つまり二七カ国全体と戦うのではなく、一カ国ずつ交渉しているのである。相手にとっても都合のいい条件を出しながら、自国の利益にもなる方向に持っていこうとしている。こうなると、むしろＥＵ側が、特にドイツが分裂を恐れているほどである。

二〇一七年、選挙イヤーの欧州でナショナリストが台頭

来年（二〇一七年）の政治スケジュールを見れば、フランス、オランダ、そしてドイツで選挙が行われる。フランスのいわゆる「極右」政党とよばれる国民戦線（ＦＮ）のルペ

ン党首がフランス大統領になるのではないかとの見方も出始めている。オランダもどうなるかわからない。今回のトランプの勝利はこのような極右政党の躍進を推進する可能性が高く、トランプの勝利に他国の極右政党も大きく沸いたわけである。

オランダは三月、フランスは四、五月、ドイツは九月の予定になっている。

まず、オランダを見てみよう。反イスラムを掲げる自由党が優勢になっており、勝利した場合、欧州からの離脱を問う国民投票を行う可能性に言及している。また、フランスは現オランド大統領の再選は絶望的であり、党内選挙で負ける可能性が高い。そして国民戦線が与党になる可能性が指摘されている。さらにドイツであるが、ＡＦＤ（ドイツのための選択）など反移民を掲げる政党も票を伸ばしている。移民問題などでメルケルへの批判が強いものの、それでもメルケルを倒す強い候補がおらず再選の可能性が高いといわれている。

まず注目されるのは、三月のオランダの選挙であり、自由党が勝利した場合、ＥＵの弱体化がさらに進むものと思われる。また、フランスは国民戦線の動き次第であり、どちらにしてもＥＵとの距離を取る方向に進む可能性が高い。そしてドイツということになるが、現在の予想通りメルケルが再選された場合、いまの緊縮厳格化、移民融和政策を続けるものと思われ、これが他国との対立を拡大させることになるだろう。

メルケルは財政健全化と厳格な金融政策を謳い、他国にもそれを強要してきた。その結果として、他国は欧州危機から脱却できず、財政出動もままならない状態になっている。これにドイツ以外の国は大きな不満を持っている。これが毎度の対立要因になっているわけだ。メルケルがその地位にいる限り、これが転換される可能性は低く、彼女自身が問題原因になってしまっているのである。しかし、ドイツ人はこれを認めない。

また、移民に対する一つの真実も見えてきた。近年の移民におけるドイツ到着後の就職率は一三％にすぎず、労働意欲の低い人が多いことが数字で証明されたわけである。移民の一部は、生活のためというよりも単なる社会保障や医療サービス目当てであるといわれていた。これが明確化したわけである。だからこそ保障や福祉レベルの高い国を目指していたわけで、それがドイツだったわけである。

ブレグジットがイギリス一国の問題ではなく、欧州崩壊の序章であるといったのは、そういう意味があるのだ。

パナマ文書、ブレグジット、トランプ大統領を結ぶ線

英国のEU離脱、トランプ大統領誕生により、グローバリズムの崩壊が決定的となった。が、その導火線となったのは、パナマ文書である。これにより、世界を股にかけたグローバル企業に対するバッシングが一気に強まったわけである。

そもそも二〇一一年あたりからイギリスでは、税金を払わない企業に対するデモが盛んになっていた。スターバックスやアップル、アマゾン、グーグルというグローバル企業が税金を払っていないという実態が世界的に認知され始めていたにもかかわらず、日本国内ではこれまでほとんど報道もされなかった。

それがパナマ文書によって、より身近な問題として理解され始めたというのが、大きなターニングポイントになった。観点を変えると、グローバル企業を叩くことが政治家にとっては票になることがわかり、政治利用されたのである。

日本企業もアップルやIBMに比べれば大したことはないが、多くはアジアのコントロール拠点としてシンガポールに財務本部を置いていた。シンガポールは法人税率が一七％

と安いから、シンガポールに税金が集中する構図をつくっていた。

シンガポールを地域統括拠点にすることにより、安い税率で税金を払ってごまかしてきたような側面があるわけだ。それに対して、それぞれの活動拠点で税金を払えという大きな流れが世界中に起き始めていた。

日本国内も同様だ。アマゾンなどいわゆる「ＰＥ（恒久的施設）がない会社」に対しても、規制が入るようになった。アマゾンはクレジット決済センターがアイルランドのダブリンにある。このため子会社アマゾンジャパンは本社の補助業務を行っているだけで恒久的施設がないことを理由に、これまで日本に法人税を納めてなかったのだ。

また消費税にしても、商品の配送先が日本国内である場合には課税対象となっているが、電子書籍など電子データ販売については、サーバーがアメリカのシアトルにあるということで、これまでは課税対象となっていなかった。ただ二〇一五年の十月に国税庁により、インターネット上のデータ取引であっても、課税対象となった。課税対象の判定基準がサービスの提供を行う事業者の所在地から購入者の所在地に改正されたからだ。

「日本人を相手に商売をしている以上、日本で税金を払いなさい」という当たり前すぎる話である。

共産党エリートのアメリカへの不正資金もターゲット

アメリカはもっと強烈だ。アメリカは税制に属人主義を採用している。そのため、どこに住んでいてもアメリカの市民権を持つ限り、アメリカに税金を払わなくてはいけない。また、税制は総合課税方式であり、所得だけでなくすべての資産を総合的に見て課税される仕組みになっている。そして二〇一五年からFATCA法が施行された。これにより世界中の銀行に、アメリカ人およびアメリカ永住権保有者、アメリカ滞在者などアメリカに対して税を払わなくてはいけない人の情報を提出させているのである。

また二〇一七年六月には、国際租税情報交換プラットフォームが完成し、さらなる情報交換が進むことになる。さらに生体情報による個人のヒモ付けも進んでおり、複数の国籍とそれに基づく複数の身分を利用しての脱税に対する調査も一気に進むことになっている。たとえば、同一人物がアメリカ人A、日本人Bという二つの身分を利用していたとしよう。これまで各国の課税当局は情報連携の仕組みがなかったので、それぞれ別人物とみなしていた。しかしヒモ付けが完了することで、アメリカ人Aと日本人Bの所得と資産の合算が可能になるわけである。先述したように、アメリカは総合課税方式であるため、この過程で課税義務がありながら、逃げてきた人たちに税が課せられることになるのだ。

そして、過去にさかのぼって脱税や申告義務違反で摘発されることになる。

これらは、すでに決まっている仕組みである。ところが、トランプは選挙の公約の一部として、「アンカーチルドレン問題」を取り上げた。アンカーチルドレンとは、アメリカ市民権を取得するための遠征出産で生まれた子供のことである。

アメリカでは、国籍取得条件として出生地主義を採っている。このため国内で生まれれば、好むと好まざるにかかわらず、その時点でアメリカの市民権（国籍）を自然に得る。子供がアメリカ籍を得れば、その親族にも永住権が与えられることになっている。これを利用し、みずからが永住権を得るためにアメリカにまで出向き子供を出産している人が多数存在するのである。

主に韓国・中国系の人間が行っており、これが社会問題にもなっていたわけである。そして、このような人たちが民主党の拠点であるカリフォルニアの献金と活動の原動力の一つにもなっていたわけである。トランプはこれを法の悪用による不正であるとし、不正行為を原因とした国籍取得は無効としてきたのだった。この対象になっている人たちが反発

トランプを支持する中国系アメリカ人。彼らやその親戚のうち、市民権を得てないものに対する風当たりは、今後強まる可能性がある。

するのは当然であり、これが反トランプデモの要因になっているわけである。

ここで一つ大きな矛盾に突き当たる。遠征出産などを無効とし市民権や永住権を剝奪した場合、この対象者から税金を取れなくなる。いままで通り、対象者のアメリカ籍と永住権を認め続けた場合、税金を取り続けることができる。単純に考えれば、アメリカにとってどちらが得かという話になるわけだが、ここではダブルスタンダードをとる可能性が高いと考えられる。

この件は国内の反発も強く、即座に対応するという話にはならないと思われる。それでも将来的には、アメリカの市民としてきちんと納税をしているか、アメリカに主たる拠点を持つかなど、一定の条件をつけて分類するだろう。そして善良とされる（不正はない）人にはそのまま市民権を認め、不正と判断された人に対しては過去の脱税や申告義務違反を追及したうえで、市民権を剝奪することが考えられるわけである。

ここで一番の問題になるのは、中国共産党の「裸官」とその子供たちということになるだろう。中国共産党一党支配体制の中国は役人天国である。中国の役人のエリート層の多くが遠征出産の仕組みを利用し子供をアメリカに留学させ、アメリカに不正な資産を移してきたといわれている。ＣＩＡのレポートなどによると、その額は一・六兆ドルから三兆ドル程度とされている。また、同時にそのような人は中国国内やアメリカ以外の海外にも資産を保有しているものと考えられる。彼らは先述したヒモ付けによる合算課税による脱税検挙と市民権剝奪という憂き目にあう可能性がある。

また中国在住の中国の役人であっても、市民権を保有している限り、税金だけでなく兵役登録などのアメリカ人としての義務が課せられる。これが明白になれば、中国国内での処罰を免れないわけである。

まさにトランプ大統領誕生は、そのような人にとって財産だけでなく中国政府に命を奪われる可能性まであるのだ。

トランプ外交で日米露が接近する

議会との関係がカギをにぎる

本章ではトランプ大統領誕生にともない世界がどう変わるか、主に外交および安全保障の観点から具体的に考えてみたい。

結論から先に述べると、これで日米同盟が大きく崩れることはない。メディアの偏向報道に惑わされさえしなければ、むしろある種これまでよりも付き合いやすい大統領ではないかと考える。

そのさい、キーワードとなるのは「ビジネスマン」と「プロレス」である。順を追って解説したいが、そのまえに日本人が誤解していると思われる、大統領の権力の構図と議会との関係を述べることにしよう。

大統領というのは絶対権力者ではなく、大統領令へのサインと軍事統制権といった非常時への対応だけである。そもそも外交政策や法案は議会でつくる。そして法案が通らなければ、予算も立てられない。大統領は基本的に議会には出席しない。したがって議会対策が非常に重要な仕事となる。議会にへそを曲げられるとなにもできない。上下院とも過半数を超えた共和党、特に軍産複合体との協調が必要となり、大統領といえども好き勝手できるわけではないのだ。今後議会との擦り合わせが注目される。

このように大統領の権限はさほどない。じっさいオバマ政権においても国民の支持率が高かったにもかかわらず、二〇一〇年の中間選挙で敗北して与党の民主党が下院で少数派に転落したため、一期目後半からレイムダック（政治的な影響力を失った政治家）に陥った。

上院は民主党、下院が共和党という「ねじれ」により、議会に対して非常に弱かった。そのため日本の外務大臣にあたる国務長官にジョン・ケリー（ペンシルベニア州選出上院議員）を承認せざるをえなくなり、以後の外交が空転する羽目になった。ケリーは食品会社大手ハインツ社のオーナー、

社長として業務をこなしていた頃のトランプ。選挙戦を通じても徐々に過激な発言を控えたように、ビジネスマンならではの柔軟な姿勢で政治に取り組むことが予想される。

H・ジョン・ハインツ三世の未亡人テレイザ・シモエス・フェレイラ・ハインツと再婚し、もっとも裕福な上院議員といわれる――つまり、アメリカの鳩山由紀夫のような人だから推して知るべし、だ。

ケリーはベトナム戦争に参加しているが、退役後反戦運動家に転じ、民主党に入るという変わり種。そのため、軍事に対しては非常に厳しい対応をとる。リベラルの典型といえばそれまでであるが、ケリーが主導したはずの中東和平会議「ジュネーブ2」は彼自身によって崩壊した。これで中東の混乱が悪化した側面もあり、オバマの外交戦略の足かせになっていた。

オバマが強気に出ようとしても、ケリーが止める。シリアなどアメリカが軍事侵攻する局面をことごとくケリーが足止めしたのである。

副大統領マイク・ペンスとは

日本の首相と違い、アメリカの大統領が絶大な権限を握るのは人事である。日本の官僚制では各省庁のトップである閣僚だけが交代するが、アメリカの場合、官僚にあたるホワ

共和党副大統領候補のマイク・ペンス、インディアナ州知事。共和党主流派にも近く、かつキリスト教右派という自分と違う素質を持つ人物を選んだトランプの策略が透けて見える。

イトハウスの政策スタッフの半数以上が入れ替わる。これを政治任用といい、数千人単位で入れ替わることもある。民主党、共和党ともにシンクタンクを抱えており、そこから人選することが多い。

したがって、トランプ大統領の政権運営を占うためには、掲げている政策よりも主要ポストの人事を見ることが非常に重要になってくる。

すでに決まったポストもあるが、ここではトランプ政権のカギをにぎる人物を紹介したい。

最初に紹介するのは、政権移行チームの新体制での委員長であり、副大統領就任予定のマイク・ペンス（インディアナ州元知事)である。彼は政権安定のキーマンといわれている。行政経験が豊富なだけでなく、下院議員（六期十二年）時代の太い人脈もあり、トランプと議会を結びつける役目を期待されている。

大統領選で組織的な期日前投票が行われており「選挙は不正だ」とトランプがいい、オバマに「泣き言いうな」と一蹴(いっしゅう)されていたときにも、「われわれは選挙結果を絶対に受け入れる」と表明して火消し役を担っていた。発言にも安定感があり、十月に行われた副大統領候補同士のテレビ討論会では、バッシングを受けていたトランプとは対極的に、民主党陣営よりも高い評価を得ていた。

アイルランド系移民の子孫でルーツが同じジョン・F・ケネディ（民主党）を慕うように、もともとは民主党支持派だったが、大学時代に保守的な福音派キリスト教徒になり、共和党支持に転じた。

真逆といっていいほど政策が乖離(かいり)しているトランプと共和党主流派を結びつけるのは、彼の手腕にかかっているといっても過言ではないだろう。

事実上のナンバー2

十一月十三日、トランプ米次期大統領の政権移行チームから最初の政権人事が発表された。

大統領首席補佐官にラインス・プリーバス（共和党全国委員長）、首席戦略官・上級顧問にはスティーブン・バノンが就く。

大統領首席補佐官というのは、実質的な「ナンバー2」。大統領の側近のなかでも特に信頼の厚い友人や大物が務めることが多い。ニクソン政権での米中和解を主導したヘンリー・キッシンジャーが有名だろう（日本の保守派には悪名高いが！）。

一方、首席戦略官・上級顧問は現在のホワイトハウスには存在しない役職で、バノンのために用意したポストである。プリーバスとバノンの二人は当確直後から首席補佐官候補として挙げられていたが、「水と油」といわれるほど対照的である。

プリーバスはトランプと対立していた共和党主流派のライアン下院議長とも近いため党との橋渡し役であるが、バノンは自身が運営する保守派ニュースサイトで党指導部を厳し

ホワイトハウス事務局は省庁に匹敵する権力を持つ

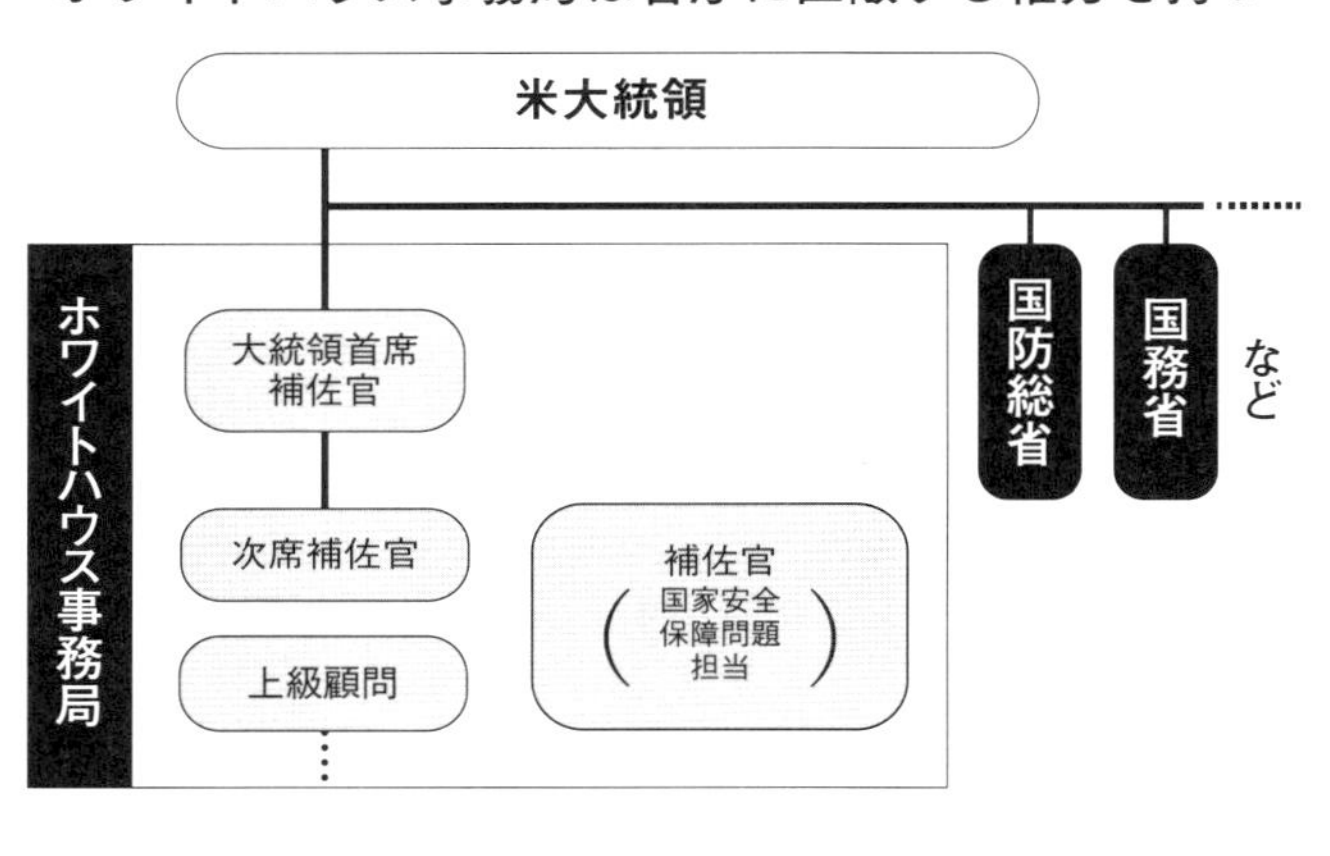

く批判していた経緯がある。両氏の起用により、共和党主流派や議会との協調を優先しながらも、大統領の支持層である白人労働者層の期待を裏切らないバランスをとった人事であることがわかる。

人事の発表はバノンが先で、彼に戦略決定の権限の大半を持たせ、プリーバスは大統領執務室などの運営に専念させる方針であると話す関係者もいる。

この二人はキーマンになるので、少し紙面を費やしたい。

弁護士だったプリーバスは二〇〇四年にウィスコンシン州上院選に敗れた後、同州共和党委員長に史上最年少の三十八歳で就任した。州議会選や知事選、連邦議会選での勝利の貢献者として評価されたのだ。大統領選でもトランプが過去に女性蔑視発言をしたとバッシングを受け、党内で離反者が相次いだときも、彼が結束を呼びかけたという。激戦州での逆転勝利も彼がお膳立て(ぜんだて)をしていた。

思想も保守的で妊娠中絶や同性結婚に反対し、草の根保守運動のティーパーティー運動を支持している。また、ロナルド・レーガンとエイブラハム・リンカーンを尊敬しているという。

バノンは海軍将校、金融大手ゴールドマン・サックス勤務を経て、保守派ニュースサイトを立ち上げた。そのサイトではヒラリーの健康不安説など取りあげていたことから、「陰謀説の天国」(ニューヨーク・タイムズ)と評されている。そのバノンを朝日新聞では「危険人物」として紹介していたこともある(八月十八日)。

彼もトランプと同じように「反エスタブリシュメント(既成勢力)」を掲げ、民主党だけでなく、共和党主流派も攻撃対象にしてきた。共和党との関係が悪化したのは、彼が「白人至上主義」「反ユダヤ主義」「緩い新ナチズム主義的なグループ」と、とらえられていたからだ。トランプの不法移民の強制送還やイスラム教徒の入国禁止などの発言はバノンの影響も大きいと見られている。そのため、バノン起用には共和党内からも反発の声が出ている。

最側近は保守強硬派と家族

また、安倍首相と会談した翌十八日には、司法長官に最側近のジェフ・セッションズ（アラバマ州選出上院議員）を、大統領補佐官（国家安全保障担当）にはマイケル・フリン（前国防情報局長）の指名が決まった。選挙から十日での閣僚の指名は異例の早さといわれている（ちなみにオバマが当選した二〇〇八年のときは十二月一日）。

セッションズは早い段階からトランプ支持を表明していた。保守派であり、不法移民や同性婚、女性の妊娠中絶の権利などを否定し、環太平洋戦略的経済連携協定（ＴＰＰ）反対でトランプと共鳴する。

フリンを指名する国家安全保障担当の大統領補佐官は閣僚級のポストで、国家安全保障会議（ＮＳＣ）を仕切る。安倍首相との会談にも同席していたことから、同ポスト就任は間違いないと見られていた。フリンは元アメリカ陸軍中将で、イラク戦争やアフガニスタン戦争に従軍し、三十年以上にわたり軍で情報畑を歩んでいた。オバマ政権でも国防情報局長に就任していたが、中東政策でスーザン・ライス（大統領補佐官）と意見が対立し、任期途中で解任されていた。トランプには予備選のころから外交アドバイザーとして起用されていた。対テロとの戦いではロシアとの協調を説き、トランプの対ロシア観にも影響を与えているとされる。

そして、米中央情報局（CIA）長官はマイク・ポンペオ（下院議員）に決まった。彼はティーパーティーの支援を受けるほど、その関係は深い。なお二〇一二年のリビアのベンガジ事件（リビアの米領事館がテロリストに襲われ、米大使を含む四人が殺害された事件。当時国務長官だったヒラリーの指示で、カダフィ政権を打倒するために反政府組織に与えた武器をCIAが回収し、シリアに運ぼうとしていたところを襲われたという説もある）では、ヒラリーの責任を強く追及していた。

また政権移行チームの委員となっている四人の家族も注目される。特に、長女イバンカさんの夫ジャレッド・クシュナーは選対幹部として大きな発言力を持っている。クリス・クリスティー（ニュージャージー州知事）の委員長から副委員長への降格を進言し、クリスティーとの確執があると報道された。十一月十日のトランプとオバマ大統領の会談にも同行していた。また、大統領選のさなかにトランプがイスラエル首相やメキシコ大統領ら首脳と会っているときも傍らにいた。一時はクシュナーが首席補佐官となる可能性も噂されていた。

どうなる日米同盟

過激発言を連発するトランプでも大統領になれば、現実主義路線に切り替える。これはかねてから指摘されていたことで、早くも変化が見られる。人事を見ても議会との協調に腐心しているように、政策も軟化するのは当然といえばそうである。

不法移民に関しては、犯罪者か犯罪歴のある人物ら二〇〇〜三〇〇万人を強制送還の対象に縮減した（オバマは不法移民一一〇〇万人に市民権や永住権を与えると公約していた）。また、メキシコ国境の壁はフェンスを併用と修正。同盟国の核保有についても多くの国が核兵器を持つべきとはいっていないと否定した。廃止を約束していた医療保険制度改革法（オバマケア）の内容も、一部を引き継ぐなど現行法の修正など柔軟に対処する可能性を示し始めた。

アメリカ大統領とはいえ議会との擦り合わせが重要であることは述べたが、むろん大統

銃所持の権利をうたった米合衆国憲法修正第２条を強くサポートすると語るトランプ。

領令や大統領による意思表明によって政策を決めることはできる。軍経験がないというこことで無知扱いされているが、トランプの一連の発言を見ていると、軍事に対して決して否定的ではない。

たとえば、「私は修正二条（武器所有の権利を定めた）を大事にする」など、米国有数の圧力団体「全米ライフル協会」（ＮＲＡ）に対し親密な発言をして、当団体から大統領選も支持を取り付けていた。外交政策においても「アメリカ・ファースト」、アメリカの安全保障を第一にすると、軍部とも親和性の高い発言をしている。また、彼のブレーンには国防関係者が少なくない。

アメリカ製の戦艦、戦闘機、兵器で米軍をより強化することを訴えるトランプ。「オバマ政権下で第2次大戦後、最低レベルにまで軍事費が減少してしまった」と現政権の安全保障政策を非難している。

こうなると気になるのが日米同盟をはじめとする外交政策だ。

トランプは日本と韓国およびサウジアラビアへ同盟国として「対価を払っていない」、つまりアメリカ側のメリットが少ないと批判していた。このことから安全保障についての無知を批判され、日本側も慌てふためいていたのであるが、在日米軍撤退はともかく、多くのアメリカ国民と軍関係者は賛意を示すだろう。血を流さないのであれば、せめて金を出せというのがトランプの言い分なのである。

したがって、トランプ大統領が日本に対してアメリカへの軍事費増額など、さらなる協力態勢を求めるのは、まず避けては通れない。これは安全保障の問題だけでない。シェール革命により、アメリカ国内で石油と天然ガスが賄えるようになったため、これまでのようにシーレーンとしての南シナ海の価値が低下したことも背景にある。

マスコミは思いやり予算のことをしばしば取りあげるが、そもそも思いやり予算は沖縄米軍基地関連への補助金――日本人基地労務者の給与への差額補塡(ほてん)の側面があることを忘れている。なぜかというとアメリカから兵隊および補助要員を連れてくるとなると、ハウスキーパーはアメリカでは給料が二十万円くらいですむ。それに対して日本人の給料は国家公務員に準じるため高い。日本人に支払われる賃金のアメリカ人との差額を日本側が負担するというのが、思いやり予算なのである。

トランプは在日米軍の駐留費用全額を日本に負担しろといっているのであるが、アメリカ側の負担は二月に公表されたオバマ大統領の予算案によると、二〇一七会計年度(一六年十月~一七年九月)での費用は人件費を含めて約五五億ドル(約五八五〇億円)。それに対し、日本の一六年度予算には米軍基地の直接的支援、米軍基地で働く日本人の人件費、公益費、基地に使用される民間・公共の土地の賃貸料、近隣住民の騒音防止策など、米軍基地関連予算は合計四五〇〇億円になる。

もし、いまの在日米軍の規模を日本が自前で持とうとすれば、年間どのくらいの費用が必要であろうか。ざっと四兆二〇〇〇億円かかる。逆にいうと、日本は四五〇〇億円を負担することで、四兆二〇〇〇億円分の防衛費を浮かしていると見ることもできるであろう。ちなみに日本の年間の防衛費はＧＤＰの一％、五兆円なのである。防衛費の対国内総生産比でいうと、世界の一〇〇番目以下である。日米同盟に守られていたからこそこの規模の予算ですんでいたのだ。交渉次第ではあるが、負担額増加はやむをえない部分もあるだろう。防衛費を上げなくてはならなくなるだろう。

トランプの外交政策は「警察」ではなく「警備員」

日本の核武装に対してもトランプは容認している（撤回したりはしているが）。いまだに核武装の論議すらまともにできない日本にとって、対米自立においてもまたとない機会であろう。案外、保守派がトランプを支持する理由である。朴槿恵（パククネ）の父親である朴正熙（パクチョンヒ）大統領が暗殺されたのは、朴大統領が核武装しようとしたからだという真しやかな説もあることを考えれば、隔世の感を抱く読者も少なくないであろう。

米国時間の11月17日、外国首脳として初めて安倍首相がトランプと会談。45分の予定が倍の１時間半に及び、安全保障や経済政策など日本の立場を説明した。

対米自立のまたとない機会といっていい。これらの発言からわかるように、ようするにトランプの本質は「ビジネスマン」なのである。経済合理性からアメリカは「世界の警察」から「世界の警備員」になるといっているわけだ。つまり、出す金額によってサービスの質を替えるという、きわめてビジネスライクな発想なのである。逆にいえば、トランプに日米安保によるアメリカ側のメリットをきちんと伝えればいいのである。思いやり予算を日本が負担している以上は、在日米軍を本国に戻せば、日本に置くよりもコストがかかるのはトランプでもわかるであろう。

また、日本には米軍基地が八四カ所、自衛隊も使用できる共同使用箇所が五〇カ所ある。これでアフリカ南端までカバーしている。そのような機能を果たしている日本列島を手放していいのかというのも交渉の材料になるであろう。
歴史的に共和党は民主党よりも自民党とパイプが太い。安倍首相をはじめとした清和会もそうである。だからトランプ大統領になっても、報道されているように心配する必要は毛頭ない。

選挙期間中の九月に安倍首相が訪米しヒラリーと会談したことから、トランプとの関係を悪化させたのではないかと懸念する声もあるが、問題ないであろう。外務省はともかく、日本政府としてはどちらの候補にも加担していない。トランプ候補をあからさまに批判した国もあるなかで、むしろ日本政府はうまい対応をしてきたのでないかと考えられる。

十一月十七日に安倍首相は訪米しニューヨークのトランプタワーで会談をした。日本の首相が大統領の就任前に会談するのは異例だが、外交儀礼にこだわらず、どの外国首脳よりも早くトランプと会うことを優先した。そのこと自体が成果と考えたからである。外交関係者によれば、日本以外の数カ国からも首脳との会談を打診されたようだが、トランプ側はすべて断ったという。

じっさい、この会談は海外メディアからも注目された。首相はゴルフの高級ドライバーをプレゼントし、トランプは首相にゴルフウエアをプレゼントしたようだ。また、トランプが選挙期間中かぶっていた「Make America Great Again」と書かれた帽子をもらったという。

ところが、日本のメディアはネガティブキャンペーンと飛ばしや捏造に余念がない。

「『話が違うじゃないか！』。世界中が固唾(かたず)をのんで見守った大統領選の開票終盤、安倍首相のいら立ちが頂点に達した。脳裏に浮かんだのは、今年9月の訪米でのクリントン氏とだけ会談をセッティングし、トランプ氏を無視。次期大統領との顔合わせのつもりだったが、終わってみれば、まったくの見当違い。安倍首相も、外務省に怒りをぶつけずにはいられなかった。今となっては『トランプ氏軽視』と取られかねない。

政治経験のない異例の〝素人大統領〟に、これまで築いてきた日米間のパイプが通用するのか？　そもそもパイプがほとんどないことに焦った政府筋は動いた。10日朝、電話会談を申し入れた。

〝暴言王〟トランプ氏は、意外にも態度は柔軟。うまく会話をリードし、早くも『直接会談』を取り付けることに成功した」（スポニチアネックス　十一月十一日）

この記事がその典型だが、まるで見たかのようにまったく事実と異なる報道をしているわけだ。しかし、じっさいは、「大統領選挙が行われている際には注意深く対応していた。クリントン候補側から『ぜひ会いたい』という要望があり、お目にかかったが、同時にトランプ陣営側にも『クリントン氏とお目にかかります』ということは伝えている」といい、「その後、トランプ陣営の有力者と私自身も会った。トランプ候補の側から『遊説でお目にかかれなくて残念だ』というメッセージも伝えられた。そうした結果がトランプ氏との電話会談につながり、今月十七日の会談につながっていく。それが外交ではないか」(「首相 米大統領選の期間中にトランプ陣営幹部とも会談」十一月十四日 NHK NEWSWEB)

と安倍首相が述べているのである。

また麻生副総理も、当選の翌日に、「メディアはヒラリーが絶対に勝つと思っていたようだが、われわれはトランプ大統領誕生の準備をしてきた」と国会で述べている。

そうでなければ、当選後の電話会談と十七日の会談などありえないわけで、トランプ勝利を想定した準備が行われてきたわけだ。駐米大使の佐々江賢一郎は、「クリントンが勝つと決めつけないほうが良い。保険を掛けよう」と主張し、トランプの娘であるイバンカ氏やセッションズ上院議員らに、選挙戦中からすでに接触していたことがわかっている。

そして投開票日の数日前には、トランプに近い関係者に外務省側から「勝利した時は安倍首相から電話したい」と打診もしていた。トランプ側は祝いたいと電話してきた国は初めてということで喜んでいたという。そういう積み重ねがあったのである。

メディア「飛ばし」の元凶

このような誤報やミスリードが行われる理由にはさまざまなものがある。なかでも一番の理由は、省庁と官邸が異なる動きをしているケースが多いことであろう。官邸主導の場合、省庁組織にはなかなか情報が入らない。各省庁の官僚には優秀な人材が多く、いかに官僚を活用するかが政治家の手腕でもあるが、情報漏れのリスクや省益中心の運営が行われるのを警戒すると、今回のようなことが起こるのだと思われる。首相補佐官と一部スタッフが段取りして動いているため、官僚ＯＢなどの情報源が使えないのである。

また、記者や新聞社と政治家の関係も大きな意味を持っている。優秀な政治家は信頼できない記者には情報を漏らさない。信頼できる記者は情報オープンまで情報を漏らさない。同業他社にも教えない。信頼されていない記者は情報を得られない。仕方がないので、ダダ漏れさせている政治家や官僚などから情報を得るわけだ。そして間違った前提に立った記事を書いたり、妄想で記事を書くため、誤報や飛ばしばかりになる、という構図なのだ。

また、オフレコや止めておいた情報も情報解禁のさいに、信頼できる記者だけにつぶやくわけだ。そのような信頼されている記者が署名記事を書けるのである。

たとえば朝日新聞の「吉田証言」キャンペーンに対して、産経と読売が批判したのも、正しい情報を得てのことなのである。

さて、アメリカでも同様の事態が顕在化している。トランプが選挙戦の最中から、まったく信用できないと、ニューヨーク・タイムズやCNNなどを批判していたが、じっさい、次のような記事が出た。

「CNNコメンテーター、クリントン陣営に肩入れで辞任」(https://goo.gl/9OcLTb)。内部告発サイト「ウィキリークス」に掲載された電子メールによると、そのコメンテーターは大統領予備選中の三月、候補者のヒラリーに予定質問を事前に伝えていたという。

他にもCNN関係者がクリントン陣営と深い関わりを持っていた疑惑があり、強力なネガティブキャンペーンはその意志を受けてのものとみられている。

トランプ氏が勝利したことで、彼らが正しい情報を得ることが難しくなるのは間違いない。そして、それは提携している日本のメディアの飛ばしにもつながるのである。

外交はビジネスである

日本人は外交音痴だとよくいわれる。だが、日本人が外交に対して一番誤解している点は、外交とはビジネスだということである。メディアはサミットなど国際会議での首脳の姿や発言ばかりを追いかけるが、彼らには通商団が必ず同行していて、それぞれの得意分野でそれぞれの国益を追求すべく鎬を削っているのである。

各国は外交交渉という名のもとにビジネスを行っているのである。

たとえば、習近平が訪米したさいに、ボーイングから飛行機を三〇〇機購入するといったり、訪英時にイギリスが進める原子力発電事業への投資など、総額四〇〇億ポンド（約七兆四〇〇〇億円）の契約を締結したり、と商談が必ずある。

ドイツであればエアバスの飛行機やフォルクスワーゲン、フランスなら水のスエズやヴェオリア、原子力のアレバなど、政府でないと交渉できないさまざまなインフラを受注しているのである。

また国際会議においても、一番大きなものは首脳会談であるが、その次はG20（金融世界経済に関する首脳会合）の財務大臣会議である。そのさいにも、主催国に通商団を連れて行ってビジネスを行うというのが定例なのである。

一九八〇年代までは日本も、「日の丸外交」といわれた政・官・民一体の通商外交が行われていたが、そのことに対する批判が高まり、表立ってできなくなっていた。それを二〇〇七年の麻生太郎政権が復活させた。また、安倍政権の「価値観外交」も日の丸外交なのである。

日本もトランプがビジネスマンであるということを理解したうえで、政治を一つのカードとして見ていかなければならない。従来の外務省主導型の仲良し外交ではなく、いわゆるビジネス外交というものを見直さなくてはならない。だからこそ、安倍首相は官邸主導というかたちで、外交の権限を外務省から官邸に移そうとしているのだ。こういう事実に、これからは国民ももっと目を向ける必要があるのである。

トランプとプーチンは馬が合う

次にもう一つのキーワードである「プロレス」について解説したい。

トランプ大統領誕生で喜ぶ一番の指導者はいうまでもなく、ロシアのプーチン大統領であろう。

トランプは中国に対しては、自分が大統領になったら即座に為替操作国に指定し、四五%の報復関税を掛けると高圧的な態度だった。ところが、「プーチン大統領はわれわれの大統領よりもはるかに優れている」と発言してはばからなかった。

それで米大統領選で勝利したトランプに外国首脳でもっとも早く祝電を送ったのが、プーチンなのである。

反対に習近平は、当選後にトランプと電話会談で祝意を表明したのかどうかの報道をめぐり、トランプ側と中国の国営メディアの言い分がまったく食い違うという混乱した事態を生んだ。トランプ側はそうした事実はないと一蹴。結局、十四日になってトランプと習近平が電話会談したことが報じられた。

それはさておき、中東問題にしても、アメリカ単独では埒（らち）が明かないし、欧州単独、ロシア一国では収拾がつかない泥沼と化している。また、そうしたなかにあってロシアの中東におけるプレゼンスが高まっているのも事実なのである。したがって、ビジネスマンであるトランプは、プーチンをビジネスパートナーとして充分やっていける相手だと見ている。なぜならロシアという国は、社会主義に失敗し、民主主義に失敗し、プーチンの帝政、いわゆる独裁体制にある。このため、プーチンと交渉さえすめば話が早い。そういう意味でトランプとしてはカウンターパートとして、交渉権のあるプーチンは申し分がない。

対するプーチンとしても、シリア問題や対テロでの協力と引き換えに、ウクライナへの軍事介入に対して米国が主導した制裁の緩和を引き出す狙いがある。ひいては、旧ソ連諸国をロシアの勢力圏として容認させたい。もともと北大西洋条約機構（NATO）を東欧にまで拡大したのはアメリカであり、プーチンは強く反発していた。

いま米欧はロシアに対して経済制裁を加えているが、トランプが制裁解除を外交カードとして利用する可能性は充分考えられる。オバマ政権のような理念や価値観先行による完全拒絶型ではなく、是々非々なビジネスマンらしい実利を求めた交渉をトランプはしていくであろう。その点、この二人は似ているといえなくもない。プーチンは米国的価値観にこだわらないトランプの登場を喜んでいるに違いない。

米露接近は日本の利益

トランプがいう「強いアメリカ（Make America Great Again!）」というのは、レーガン政権下にあった一九八〇年代の冷戦構造下のアメリカのことと思われる。また、プーチンも強いロシアを望んでいる。つまり、いい意味でのプロレス状態、一種の腹芸が二人にはできるであろう。ここでいうプロレスとは「出来レース」「八百長」「お芝居」と受け取っていただいて構わない（プロレスファンには申し訳ないが）。

ロシアと中国の最大の違いは、中国はそのプロレスができないことである。ロシアとアメリカは冷戦時代、四十数年にわたり、プロレスをやってきたようなものだ。つまり、戦争にいたる軍事衝突という一線を超えないリングでギリギリ戦っていた。軍レベルでも同様に米露はさまざまなパイプを持っていて、プロレスをやってきた面がある。

中東のシリア空爆にしても、対立だけでなく、ときに手を結んだりと、すでにプロレス構造になっている。アメリカが数十年中国と付き合ってわかってきたのは、中国とはそれができないということであろう。

冷戦下、共産国に毅然とした態度を見せ、国内でも好景気を実現したロナルド・レーガン大統領と握手するトランプ。減税、規制緩和、安全保障などトランプの公約はレーガン政権下の政策と共通するものが多い。

むろん冷戦構造とは違うだろうが、方向性として米露は二大大国を目指す。むしろ、そうした国際情勢においては日本のプレゼンスが増すといえる。地政学的にも経済力においても。年末におけるプーチン訪日もその一環として見なくてはならない。

ロシアを日米の側につけなければならないのは、中国だけでなく、すでに核保有国となった北朝鮮の問題があるからである。また第4章で述べる韓国も予断を許さない政治情勢である。大陸、半島への抑止力としてロシアを日本政府も利用しなければならない。だからこそ日本はロシアと安全保障条約を結ぶ必要がある。

プーチン大統領と会談し、トランプ大統領と会談することになれば、日米露の三極構造ができる可能性もある。日本もプロレスができるようになればいいのである。

そういえばレーガン大統領も当選したさいには「ハリウッドの二流役者上がり」と悪口をいわれたものである。トランプもレーガンのように「変身」するかもしれない。

北方領土問題で過剰な期待は禁物

ただし、トランプ大統領が選出されたことで、日本の北方領土問題解決には赤信号が灯った。ロシアは旧ソ連の時代から、資金的に追い詰められると、北方領土問題の解決が話題になり、資金面での問題が解決すると交渉そのものが反故にされるということを繰り返してきた。

今回も同様であり、原油価格の回復とトランプ大統領の誕生で領土問題解決に暗雲が立ち込めている。十一月二十二日、自民党の二階幹事長は対ロシア交渉について「理想的な結果」は期待していないと述べた。

アメリカはウクライナ問題を理由にロシアに対して、厳しい金融制裁を仕掛けている。これが原因となり、ロシアの経済は低迷した。外貨不足により海外産のチーズや乳製品が不足する事態に陥っていたわけである。首都モスクワですら、商店の店頭から消える事態になっていた。

ロシアとしてはなんとしても、金融規制を緩和してもらい、外貨を調達し、この物不足を解消する必要があったのである。そして、これが日本への接近の理由であり、北方領土問題解決を持ち出した原因だったわけである。

しかし、今回トランプ大統領が選出されたことで、ロシアとアメリカの関係が回復し、中東問題など協力関係を築ける可能性が出てきた。そうなれば、ロシアは金融制裁解除をカードとして用いることが可能であり、日本に迎合する必要がなくなるわけだ。プーチン来日直前の十一月十五日、これを担当し深く関与していたロシアのウリュカエフ経済発展相が収賄で逮捕された。その結果、交渉そのものが進まない状態になってしまったのである。

また、たとえ解決しても、その後を考えると非常に大きな問題が内在する。

そもそも日露間に横たわる北方領土返還問題は単純に返還してもらえるのなら、たいへん有り難いことではある。ところがすでにそこに住んでいるロシア人たちには、人権があり人命があり、財産権まで存在している。それが共産国家時代のように強制的に排除できるならいいが、住民ごと日本に返してもらったときに、どういう混乱が起こるかを考えなくてはいけない。

よって「返してもらう」イコール即時日本のものになるという考え方よりも、領有権をまず認めさせて、その周辺海域での漁業権を中心としたものに限定してみたらどうだろうか。その租借権内で何十年後の返還となったほうが、非常にスムーズな移行が行われるのではないか。不動産でいう定期借地権のように、五十年たったら更地にして返してもらうというようなものを求められればいい。

さらにいうと、北朝鮮や周辺国事態が悪化した場合、日本とロシアの交渉関係というのはロシアのほうが有利になる。極東の有事問題で誰が損をしているかというと日本で、北朝鮮問題が悪化すればするほど、日本の立場は弱くなる。外交交渉というのは力関係なので、その点に関して過剰な期待は持たないほうがいい。

親中派のヒラリー敗北で米中関係が激変

対極的に米中関係は一七年以降、ますます厳しさを増すであろう。ヒラリー敗北でもっとも誤算だったのは、あるいは中国かもしれない。ヒラリーは国務長官時代から中国とパイプを持っており、クリントン財団での癒着もある。トランプには一切それがないからだ。トランプ勝利に、中国共産党機関紙、人民日報系の「環球時報」も「中米関係の焦点は政治的対立から経済利益の衝突に移る可能性がある」と報じた。

だが、トランプ大統領以前に、アメリカは中国の安価な商品の輸入にダンピング関税をかけることを決めていたのである。

アメリカは中国とはすでに貿易摩擦状態であり、強烈に不満に思っていた人たちがトランプの支持層で、強い大統領に安価な中国製品の排除を求めた。

新自由主義者であるテッド・クルーズらの言い分は、中国から安価な商品が入ってくるから低所得者層の生活も成り立つと主張していた。それに対してトランプは、安価な商品が入ってくることにより、労働者の職が失われると訴えた。

「お金を寄付してくれる外国人と癒着した人々へ、ヒラリー販売中」と揶揄し、
いかさま師ヒラリー・クリントンを売っぱらえと、献金問題を攻撃するトランプ。

アメリカで生産すれば割高になるから、アメリカ企業がアメリカで製品をつくらなくなってしまった。

たとえば、アメリカの自動車産業はＮＡＦＴＡ諸国、あるいはメキシコを生産地にしている。ビッグスリーの自動車はアメリカ国内でつくっていない。一所懸命アメリカ国内で自動車をつくっているのは、じつは日本メーカーだった。

そうした企業ははたしてアメリカ企業と呼んでいいのかという議論がトランプからなされた。この意見に対して多くの有権者は拍手喝采したわけである。だからこそ、トランプは内需の拡大、国内への生産回帰を主張する。

その方針に従っていわゆるグローバル・サプライチェーンという世界を股にかけた商品供給、原料の段階から、製品・サービスまで組み立てるという構図も、変更せざるをえなくなってきた。

ビッグスリーにも国内で生産するよう回帰させようとしている。アメリカ自身が、グローバル・サプライチェーンから現地調達に切り替えようとしている。アメリカ国内から調達して、アメリカを最終組み立て地として選択した企業には、内国投資条項など税制上の優遇措置を与える方針なのである。

またIT関連にしても、自動車産業と同様に国内に戻す動きがすでに出始めている。Foxconn（フォックスコン）という、iPhoneなどを組み立てている会社がある。ここはアメリカやカナダにも工場を持っている。現在フォックスコンは大量の産業用ロボットの自社開発を進めており、工場の無人化に向けて動き始めている。そうなると、世界中どこでつくっても同じということになるわけだ。

世界中で見せる「中国排除」の動き

企業を国内に生産回帰させるだけでなく、アメリカをはじめとして中国を世界から締め出す動きもすでに出始めている。

中国の鉄鋼やアルミの過剰生産は二〇〇％以上で、それをダンピング輸出することで、世界の鉄鋼の市場価格が暴落した。それに対抗するために、アメリカは中国の鉄鋼メーカーに対して五二二％の輸入関税を課すと勧告し、同様にヨーロッパもＷＴＯ（世界貿易機関）に提訴して中国からの輸出のシャットダウンをかけ始めた。日本でも家電など一部は中国から国内生産に戻し、最終組み立てを先進国に移す動きが出ていた。

通信においては、中国系の通信チップメーカーであるファーウェイと中興通訊（ＺＴＥ）、それにアメリカのメーカーであるクアルコムという三社がシェアを争う構図である。そこでアメリカも中国系の二社に関しては、中国人民解放軍が関与しているという理由を盾に、ドイツやインドのようにＣＰＵとか基地局を使用することを拒否している。

ソフトバンクがアメリカの通信会社スプリント・コーポレーションを買収するさいにも、その二社のチップや機器を使用していたことが危険視され、中国製品の排除が買収の条件にされたこともあった。このようにアメリカは通信チップなどの分野では、関税以外にもサイバー攻撃を理由に、非関税障壁を組み込んだルールをつくっている。

さらに、今年五月に日本で開催されたＧ７伊勢志摩サミット（第四二回先進国首脳会議）

質の高いインフラ投資の推進のためのＧ７伊勢志摩原則

我々は，強固で，持続可能な，かつ，均衡ある成長を促進し，我々の社会における強じん性を向上させるとともに，持続可能な開発目標達成のための世界的な取組に貢献するため，ステークホルダーが，質の高いインフラ投資の推進を通じてインフラ投資の現存する世界的な需給ギャップを埋めるために一貫して取り組むことが極めて重要であることを再確認しつつ，我々自身のインフラ投資を，以下の原則に沿ったものとするよう努める。

我々は，さらに，関連するステークホルダー，具体的には政府，国際開発金融機関（MDBs）を含む国際機関及びPPPプロジェクトに関与するような民間部門に対し，価格に見合った価値（value for money）及びインフラの質を完全に考慮した，透明性があり，競争的な調達手続の導入及び推進を含め，インフラ投資及び支援をこれらの原則に沿ったものにすることを奨励する。

原則１：効果的なガバナンス，信頼性のある運行・運転，ライフサイクルコストから見た経済性及び安全性と自然災害，テロ，サイバー攻撃のリスクに対する強じん性の確保
質の高いインフラ投資は，プロジェクトの全期間を通じた効果的なガバナンス，経済性，持続可能性，信頼性のある運行・運転及び安全性と自然災害，テロ，サイバー攻撃のリスクに対する強じん性を確保すべきである。

原則２：現地コミュニティでの雇用創出，能力構築及び技術・ノウハウ移転の確保
質の高いインフラ投資は，現地の労働者の雇用創出，現地コミュニティへの技術･ノウハウの移転に貢献しようと努めるべきである。

原則３：社会・環境面での影響への対応
質の高いインフラ投資は，インフラプロジェクトの社会・環境面での影響について配慮しなければならず，また，既存のMDBsの基準を含む最も重要な基準に反映されている国際的なベストプラクティスに沿った社会・環境面でのセーフガードを適用すること等により，こうした影響に適切に対応しなければならない。

原則４：国家及び地域レベルにおける，気候変動と環境の側面を含んだ経済・開発戦略との整合性の確保
質の高いインフラ投資は，案件準備及び優先順位づけ段階からのステークホルダーとの対話を通じ，国家及び地域レベルにおいて，経済・開発戦略に沿ったものとすべきである。考慮に入れるべき経済・開発戦略の関連要素には，連結性強化を通じたグローバル・サプライチェーンの進展，情報通信技術などの最新技術の活用，民間投資の促進と新しい産業の誘致，長期的・セクター横断的な需要予測等の関連情報に基づく中長期的な計画，債務持続可能性や財政見通しが含まれる。生態系に基づいたアプローチやグリーンインフラの更なる推進なども通じ，気候変動への強じん性，エネルギー安全保障と持続可能性，生物多様性の保全，防災も，考慮に入れられるべきである。

原則５：PPP等を通じた効果的な資金動員の促進
質の高いインフラ投資は，PPPや，MDBs等を通じたその他の形態の革新的な資金調達により，民間部門を含む資金を効果的に動員すべきである。この目的のため，国家・地方政府のレベルにおける適切な投資環境を強化しデュー･プロセス及び透明性を促進するための投資受入国政府を含むステークホルダー間の共同の取組が不可欠である。（了）

失敗続きの中国のインフラ輸出

鉄道	
メキシコ	受注した同国中部の高速鉄道事業が無期延期に
タイ	融資や建設費で折り合えず、 距離を従来計画の3分の1以下に縮小
インドネシア	ジャワ島の高速鉄道を受注するも 書類不備や保証を巡り紛糾
米国	米西部で計画していた高速鉄道が合弁解消に
ベネズエラ	12年完成予定だった高速鉄道が未完成のまま放置
発電所	
ミャンマー	北部で計画していた水力発電事業が凍結
英国	中国製原発の納入で合意したが、メイ首相が承認延期
港湾施設	
スリランカ	コロンボ周辺の港湾整備計画に地元が反対

では、世界各国が協調して「中国排除」を打ち出し、九月に中国で行われたG20ではさらに「中国包囲網」が強化された。

たとえば、中国が進めるインフラ輸出に関して「質の高いインフラ投資の重要性を強調」とクギを刺している。

伊勢志摩サミットの声明でも、最低限の品質を保てない中国は国際的なインフラ事業から排除されたも同然の宣告を受けており、引き続き世界の市場からの閉め出し圧力がかけられることになるであろう。中国にとって、はじめて議長国を務めたG20サミットの成果文書で、このような文言が盛り込まれたこと自体、屈辱的であったろう。

南シナ海、アセアン諸国、インド、オーストラリアとの連携

一方、東・南シナ海に関して、トランプ大統領は関与を弱めるのではないかとの観測も中国国内にはある。トランプが中国の関与していないTPPからの離脱を明言していることも、「中国包囲網」が和らぐとの観測を後押ししているという。

安倍総理はアメリカがアジアへの関与を弱める可能性も視野に入れて、台頭する中国を念頭に、オーストラリアやインドとの連携を強化している。

十一月十一日に首相官邸で行われたインドのモディ首相との会談では、原子力発電所を輸出できるようにする原子力協定の締結で最終合意し、インド高速鉄道計画の全線路で日本の新幹線方式の採用を提案など経済面のほかに、対中国で連携を深めた。

安倍総理とモディ首相は良好な関係を築いている。

またインドはインドで、九月三日にはモディがベトナム・ハノイを訪問して、両国の防衛関係強化のために、インドはベトナムに五億ドル（約五二〇億円）の資金を供与すると

発表した。いうまでもなく中国への対抗で、これにより中国がヒステリックになった。じつはインドは大陸国家のようでいて、インド洋をかかえる巨大な海洋国家で強力な海軍を擁している。

ベトナムも同様で、この二国が協力し合えば中国にとって大いなる脅威となるはずだ。海軍というのは組織力が重要である。中国は海洋で勝ったことが一度もない。

中国にとっての敵という役割で、インドも存在感を示そうとしている。インドは中国を牽制するアメリカの駒としてずっと使われ続けてきている。ただし、モディはビジネスマンだから、たとえ道具であったとしても、動くことに意味があると冷静にとらえている。

アメリカの方針転換で一番大きなものは、伊勢志摩サミットの前々日にオバマがベトナムに入って、ベトナムへの武器禁輸を完全解除すると発表したことである。

一九八四年に導入された武器禁輸措置は二〇一四年に部分的に解除されていたが、完全解除を求めていたベトナム政府にアメリカが応えたかたちになる。

アメリカはベトナムとも合同軍事訓練もしている。インドネシアにおいても同様である。

アメリカと中国のパワーバランス

二〇〇〇年代前後から改革開放路線により経済が急拡大した中国は、世界における発言力を急激に拡大してきた。特に二〇〇八年九月のリーマンショック以降は、それが顕著に表われ、アメリカと中国という二大強国によるG2体制などというものまで主張する人たちが出たほどである。私は、このような関係は絶対に成立しないと主張してきたわけだが、これには大きな根拠があった。

第二次世界大戦以降、アメリカは世界の覇権国家であり、西側諸国のリーダーであった。それに対して、中国は一三億五〇〇〇万人（公称）といわれる人口と低賃金労働力を武器に「世界の工場」として、躍進してきたわけである。覇権への挑戦であるが、むろんアメリカが、それを許すはずもない。軍事力においても、本質的な経済力においても米中の力の差は歴然としているからである。

両国の衝突は必然であったが、それが表面化したのは、中国の人民元通貨圏の拡大においてであった。ＩＭＦ（国際通貨基金）におけるＳＤＲ（特別引出権）構成通貨入りなどの狙いは、ドルの弱体化計画であっただろう。

現在、世界の大国は核などの大量破壊兵器を保有していることにより、直接的な武力による戦争は起きにくいとされる世界構造にある。こうした状況において覇権を争うのは、金融による経済支配であるといえる。アメリカはブレトンウッズ体制と呼ばれるドル基軸通貨制のもとにおいて、第3章で詳しく述べるようにドルを利用した一種の経済戦争を行ってきたし、これからも行うつもりであろう。

これに手をつけようとした中国は、アメリカの虎の尾を踏んでしまったといえる。

現在、ロシアが弱体化しているのも、ウクライナ問題への米国が主導する金融制裁の結果なのである。そして、そのうえアメリカは、非常に強い経済的な武器を保有している。

国際緊急経済権限法（IEEPA法）である。

IEEPA法では、米国の安全保障上、重要な脅威となる人や団体等の資金を凍結し、米国企業との取引を遮断できるとなっている。またこれは、大統領令だけで実施が可能であり、議会の承認は必要ない。つまり、中国と軍事的に厳しい緊張関係に陥ったさいには中国の持つドルとドル資産を凍結したり、没収したりすることができるわけだ。万が一このような状況に陥れば、人民元はほどなく単なる紙切れとなってしまうだろう。

また、中国の最大の問題は、会計の不透明性である。中国の国営四大銀行ですら、正しい財務会計が行われているか、以前から疑念が抱かれていた。なぜならば、四大銀行は、政府の指示により、「ゾンビ企業」に膨大な融資を行い続けているからである。

公式発表の外貨準備高やＧＤＰすら数字が信じられない国において、徹底的な会計の透明化を求めていった場合、ごまかしができずバブルが一気にはじける可能性があるのだ。日本も、かつてバブル全盛期には東京都二三区の土地代で、アメリカ全土の土地が買えるといわれ、日本の都市銀行のほぼすべてが世界のトップ銀行にランキングされていた時期があった。しかし、アメリカから強く求められた、時価会計の導入と自己資本比率規制（ＢＩＳ規制）により、一気に瓦解していったわけである。

中国はこれ以上の状況になっている。アメリカとしては会計の完全透明性と為替の自由化を強く求め続けるだけで、中国に対し大きな経済的打撃を与えることさえできるのだ。

じっさいにトランプがどのような政策をとってくるかは、まだまだ未知数であるが、中国に対して、為替操作国指定を行うなど、金融面での中国の瓦解を狙う可能性も高いといえよう。今回のトランプの閣僚候補や、親しいスタッフのなかに、日本にこれを仕掛けたメンバーが多数含まれているのも事実なのである。

強い大統領に見合う強い国に日本はなれ

いずれにせよ、東・南シナ海におけるトランプの発言やアジア戦略に日本は注視する必要がある。

しかし、トランプがアメリカ・ファースト、アメリカ第一主義を唱える以上、アメリカがアメリカであるためには、いまの軍事体制の維持は不可避であると考える。いうまでもなく、経済と軍事は表裏一体だからである。

オバマ＝ケリー体制の問題は、南シナ海に対して口は出すが見ているだけという状況だった。これが中国による人工島建設を推進させ、習近平による太平洋戦略を拡大させた理由でもあった。そうした南シナ海における対中戦略に対して、アメリカの国防省はどう評価していたかといえばノーである。全然、評価していない。

南シナ海での中国進出を鑑みれば、強いアメリカ大統領の存在は東・南シナ海の安全とともに、日本の対米自立にとってもプラスとなる。中国の台頭があり、アメリカの新大統領が同盟国の負担を求めている以上、これまでのようにＧＤＰの一％の軍事費では早晩すまなくなるであろう。

『「Gゼロ」後の世界』の著者である米政治学者イアン・ブレマーは「トランプ氏が同盟に利用価値を見いだせず、安保協力が冷え込めば、防衛力の強化に向けた安倍政権の主張に説得力がでてくるだろう」と分析する（『日本経済新聞』十月十一日付）。

在日米軍基地移転問題、片務的だといわれる日米安保の正常化、日本の核武装と、大きな選択をするときが待っている。

トランプショックの嘘とグローバル金融の崩壊

トランプは円高か円安か

日本人にとってトランプ大統領誕生による経済の行方は気になるところであろう。日経平均株価が完全に為替連動となっているため、円安かそれとも円高かがダイレクトに株価に反映されるためだ。円安＝株高、円高＝株安。この公式が当面続くと思われる。

そして選挙期間中、トランプ大統領誕生は円高・ドル安＝株安につながると恐れられていた。通貨安競争をする国を為替操作国として弾劾するとかねがね公言していたからだ。

じっさい開票直後、トランプ優勢となると、円相場が一〇五円から一〇三円と急伸し、日経平均株価も九一九円安と大暴落し、その通りの反応を示した。

ところが、翌十日には株価が一〇九二円と急反発。前日水準の落ち着きを取り戻した。前日の下落分を上回る二〇一六年最大の、歴代でも十三位の大きさを記録したほどだ。東証一部上場の九七％が値上がりする全面高の展開だった。

円も一〇六円台と一気に五円強も下落し、以後も一〇七円近くまで円安が推移している。

一方、当確後初日となる九日の米ダウ工業株三〇種平均は、前日比二五〇ドルを超え、

11月9日、トランプの大統領選勝利が明らかになると、日経平均株価は919円も急落。ところが、翌日の10日には1092円の大幅反発と市場の動きも混迷している。©共同通信社/アマナイメージズ

十日にも過去最高値をつけた。

ただトランプの公約をめぐり、株価でも明暗がはっきりわかれた。

トランプが重点分野とするエネルギー業界の株式は全面高となったが、何かと批判してきたＩＴ（情報技術）関連は反落した。

トランプはスマートフォン「iPhone」を中国で生産するアップルなど、グローバル企業を名指しで批判。さらにアップルがiPhoneのセキュリティー解除をめぐり、米連邦捜査局（ＦＢＩ）と対峙したさいには、同社製品のボイコット（不買運動）まで呼びかけたこともある。

そこで一転して、反トランプ傾向の強かった米ＩＴ業界もトランプへの歩み寄り姿勢をみせ始めた（十一月十一日『毎日新聞』）。

アマゾン・コムのベゾス最高経営責任者（ＣＥＯ）は十日、ツイッターで「おめでとう。成功を祈る」とトランプに祝意を述べた。トランプは米有力紙ワシントン・ポストを買収したベゾスに対し、政治を操る狙いだと再三攻撃し、ベゾスも敵意をあらわにしていた。それが和解の方向に向かう。

アップルのクックＣＥＯも従業員に宛てた書簡で「どちらの候補を支持したかにかかわらず、前進する唯一の道は一緒に前進することだ」と融和を説いた。もともとクックはヒラリーの副大統領候補とも取りざたされていた人物である。

また、企業にアメリカ人の優先雇用を求めるトランプは、ＩＴ企業の多くが依存するＨ１Ｂビザ（コンピュータープログラミングなど専門技術を持つ外国人が米国で働くのに必要なビザ）の原則廃止を公約に掲げていたからである。

円安の主因は米長期金利の急上昇にある。一・八五％だったのが二・一％台に上昇、日米の金利差も二・二％まで急激に広がった。

これは第一にトランプが「就任一〇〇日行動計画」と称する、巨額減税および財政出動

日米金利差と円相場は連動している

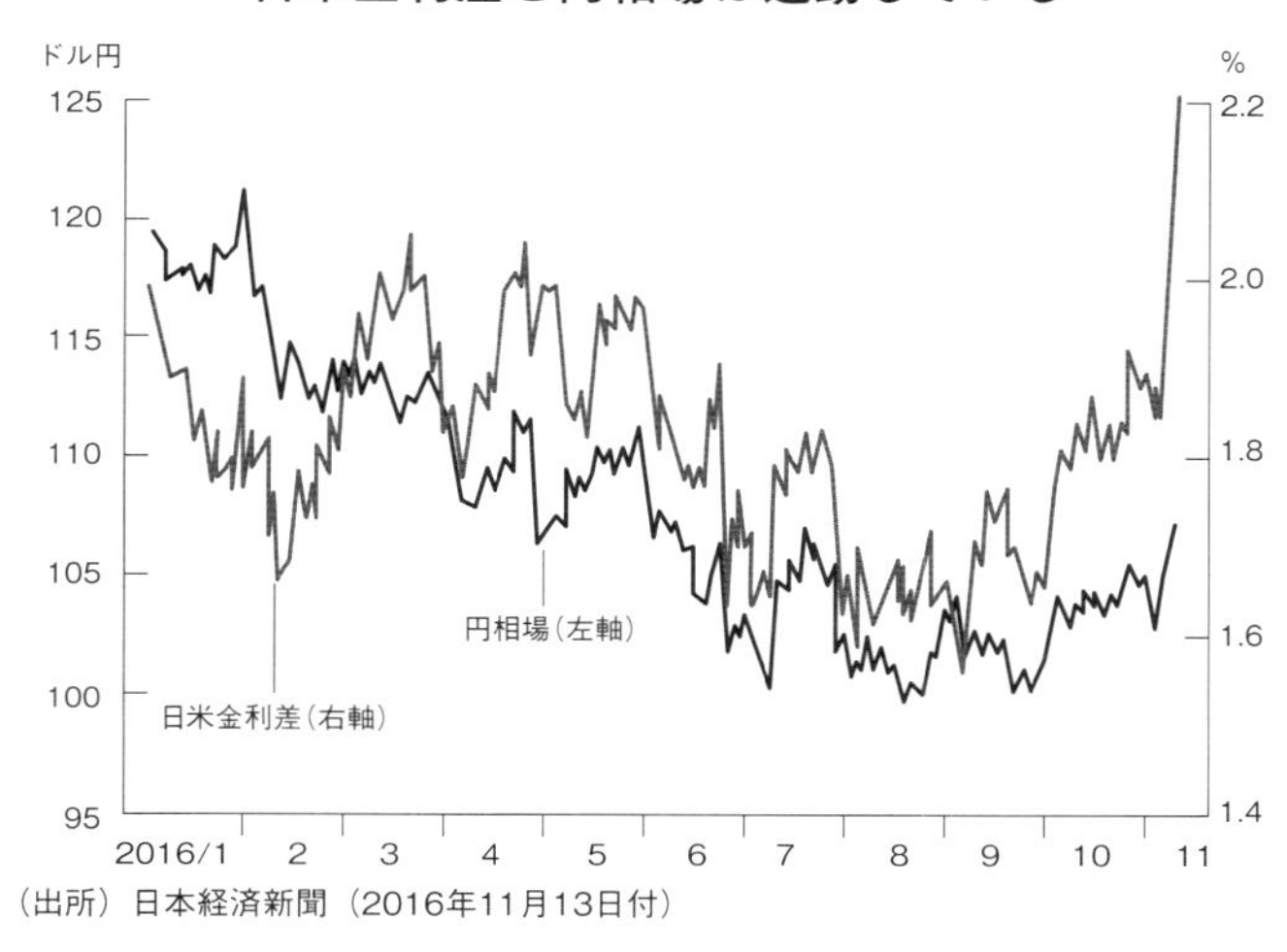

（出所）日本経済新聞（2016年11月13日付）

を柱とする経済再生策を期待してのことであろう。連邦法人税を三五％から一五％へ引き下げ、今後十年間で一兆ドルのインフラ投資を唱えている。

第二に米国企業が海外にため込んだ二兆ドルの資金を還流させようと、国内に資金を戻す場合の税率を一五％から一〇％に下げる考えを示しているからだ。これはグローバル企業が節税のために海外に資金を逃避させるのを防ぐだけでなく、すでに海外にため込んである二兆ドル（二二〇兆円）を狙う。そのため、ドルがアメリカに還流＝世界のドル不足＝ドル高となり、長期金利が上昇しているのである。

その影響は早くも新興国に出ている。

米株高、新興国の株・通貨は下落

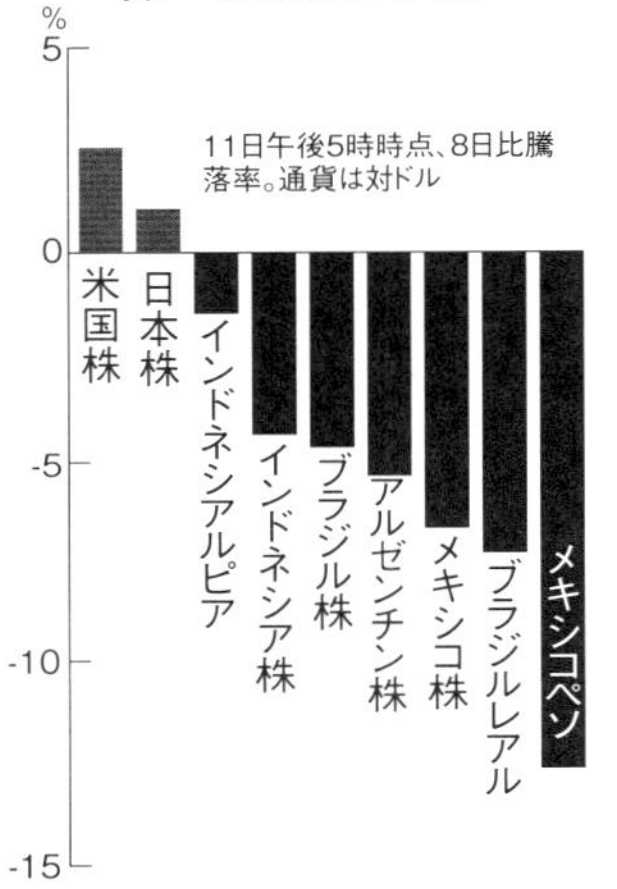

%
5
0
-5
-10
-15

11日午後5時時点、8日比騰落率。通貨は対ドル

米国株
日本株
インドネシアルピア
インドネシア株
ブラジル株
アルゼンチン株
メキシコ株
ブラジルレアル
メキシコペソ

（出所）日本経済新聞（2016年11月12日付）

十日は通貨ペソが対ドルで最安値圏にあるメキシコに続き、アルゼンチンやブラジルの通貨と株価指数が急落した。ブラジルレアルは対ドルで一気に五%も下落した。もし新興国からのドルの資金流出が止まらず、投資家のリスク回避が強まれば、安全資産である円が買われ、ドル高でありながら円高となる恐れがある。

つまり、世界経済は基軸通貨であるドルの流れに大きく左右されているわけである。その仕組みとリスクを知るために、いわゆるブレトンウッズ体制までさかのぼってざっくり解説したい。

ドルの世界支配体制はいかにできたか

拙著『欧州壊滅　世界急変』（徳間書店）でも書いたことだが、現在の世界の支配体制および構図は、一九四四年に締結されたブレトンウッズ協定によって成立している。これは第二次世界大戦の末期、世界の金（きん）の八割近くがアメリカに集中したため、他国に金がなくなったことから生まれた体制である。

当時、世界の通貨は金本位制のもとで成立していたため、金がなくなった国は通貨の発行ができなくなる。そこでアメリカが保有する金と交換可能なドルを基軸として、為替相場を固定する疑似的金本位制が生み出された。アメリカはこの体制を築き上げることにより、戦後イギリスから覇権を奪ったのである。ポンドからドルへの移行である。

第二次世界大戦の終結にともなって冷戦時代を迎えた世界は、資本主義・自由主義を標榜する西側諸国と社会主義・共産主義を信奉する東側諸国という二大ブロックに分断された。その結果、世界には西側諸国と東側諸国という独立した経済体が生まれることになる。これがその後、約四十年にわたって続いた冷戦の構図である。

そして一九七一年に、アメリカは金の大量流出から金とドルの交換を一方的に廃止すると発表した。いわゆる金ドル兌換（だかん）停止であり、ニクソンショックとして世界に激震をもたらした。

これにより、通貨が金に裏づけられている金本位制は終焉（しゅうえん）を迎えたものの、①世界中にドルが流通、②石油の決済通貨、③巨大な軍事力などを背景にしたドルの力は絶大である。ドルが基軸通貨として通用する世界の金融システムはいまに至るまで続くのである。

世界経済の変調はドルの流れにある

じつは世界のドル売買のシェアはウォールストリートよりもイギリスのシティのほうが高く、約四〇％を握っている。ウォールストリートでも二〇％ぐらいしかないので、シティはそれよりも二倍のドルを動かしているのである。

米国内および米国銀行が取り扱う以外のドル、オイルマネーや資源を売買するときに使用するドルを「ユーロダラー」という。ドルは日本の銀行もたくさん持っているように、ヨーロッパの銀行も大量に保有していて、一番使い勝手がよい。世界中どこでも使える通貨だ。シティはこのユーロダラーのメインマーケットになっているのが強みなのである。

つまり世界は金本位制の時代の金のように、外貨ドルの裏づけによって自国の通貨の信認を担保している。中国人民元もその構図は変わらない。したがってドルが流出すると、自国の通貨が信用不安から一気に暴落し、金融危機に陥り、ひいては国家がデフォルトする事態を招く。

自国通貨の著しい下落は国家と通貨の信用にかかわるので、これを防ぐために国は通常、通貨防衛を行っている。通貨防衛はドルなどの他国通貨を売って自国通貨を買うかたちで行われる。そのときに使われる資金が外貨準備なのだ。だから外貨準備の増減を見れば、その国の資金動向が明らかになる。つまり、外貨準備には保険の意味合いがあるのだ。

ブレグジットやトランプ大統領により金融危機が恐れられたのは、ドルの流れが変わるからにほかならない。

そのドルの流れを変えて、二〇一七年以降に世界金融危機のリスクとなる大きなポイントがFRBの利上げである。トランプ大統領誕生とともに一つの争点になっていくであろう。

トランプが大統領に就任する前の十二月に利上げが行われるのではないかというのが、市場関係者のもっぱらの意見である。ただしトランプは利上げに反対であり、FRB議長であるイエレンのクビを切るとも公言している。また、一部の超党派議員団はFRBの金融政策が適切かどうかを議会が監査する、異例の法案を検討している。これにトランプは賛意を示していた。

それでも米長期金利の急上昇によるインフレ懸念、財政悪化懸念からも十二月に利上げがあるとの観測を強めている。トランプ当選後に円安方向へ推移しているのは、そういうわけである。

世界経済にとって、ＦＲＢの利上げの一番のリスクはなにかといえば、ユーロダラーのような、海外に貸し付けられているドルの調達金利が上がることである。ただでさえ景気が悪いヨーロッパや中国、南米も含めて、このリスクが世界的に波及する可能性が高まっている。

特にＦＲＢの利上げにより直撃を食らうのは、まず南米であろう。いわゆる南米の資源国、産油国というのは、いま三つの大きなリスクを背負っている。第一はトランプ大統領誕生による保護主義政策の影響である。第二はいうまでもなく資源安。第三に中国による莫大な資源投資が止まり始めていることである。

鉄鉱石をはじめとした各種資源、それから原油安が南米のクビをしめている。ブリティッシュ・ペトロリアム（ＢＰ）がメキシコ湾でリブを壊して油が漏れた事故があったように、南米は沿岸部に多くの油田がある。それはいいのだが、問題は結局海底を掘るため採油コストが高くつくので、ほとんどすべての事業が不採算になってしまっていることだ。

景気はこんなに変わった　米経済の課題

	1980年	2000年	2016年
実質経済成長率は鈍化			
	3.2% 80年代 前年比平均	3.4% 95～2004年 前年比平均	1.5% 1～9月期の 前年同期比
労働生産性の伸びも鈍化			
	1.5% 80年代 前年比平均	2.8% 95～2004年 前年比平均	0% 1～9月期の 前年同期比
経済格差は拡大（上位1%の所得層が占める所得の比率）			
	8.2%	16.5%	17.9% （2014年）
政府の債務も拡大			
	9000億ドル （1980年9月末）	5兆7000億ドル （2000年9月末）	19兆6000億ドル （2016年9月末）

（出所）日本経済新聞（2016年11月10日付）

資源バブルに踊っていた国が一気に逆転現象を起こしたのである。

それと同時に採掘量も減っている。金額が落ちて採掘量も減るという二重苦状態。加えて、中国バブル崩壊で投資マネーが引き揚げられたあげく、オリンピックも終わってしまったブラジルでも汚職関係で、中国が高速鉄道を敷くという話も頓挫した。やはりどう考えても、景気が悪化していく方向に進まざるをえないであろう。

ここにアメリカの利上げが重なると、南米諸国はもろにデフォルトする可能性が高くなる。

なぜドル高なのに円高になるのか

円の評価を決めるのは、リスクと量である。世界的なリスクが上がると安全資産である円が買われ、円高になる。

たとえば円を増やし、ドルが減るということは、本来は円安・ドル高要素なのだが、それによってリスクが高まるので、円高でバランスを取ってしまう。

日本銀行としてはＦＲＢの利上げに対して、量的緩和と金融政策の変更で対応しようとするであろう。

これまでは純粋な量的緩和によって日本銀行が債券を買い、結果的に市中に資金を流すということだけを行ってきたが、九月二十一日の政策変更により十年債の金利を〇％前後に誘導すると大きく方針転換した。

これは長期債を意図的に増やすことにより、市場に短期の資金ではなく中長期の資金を増大させようというのが、狙いである。短期の資金はホットマネーとして投機方向に向かう可能性が高く、中長期資金は不動産投資や設備投資にまわりやすいからだ。したがって、市場の中長期資金が増えることにより安定を図ろうというわけである。

ただし、中長期資金を増やしたことによって量的緩和を終了する出口戦略をとりにくくなるのも、一つのリスクとして存在する。

ＦＲＢの利上げにより、ドルが減った分を世界的に供給しないと、世界的な資金不足が起きる。

円の場合は、特にアジア圏への影響が大きい。すでにＡＳＥＡＮ（東南アジア諸国連合）諸国に対しては非常時にドルを供給できるよう通貨スワップ協定を結んでいる。これをさらに拡大しようとしているのである。

韓国がふたたび日本との通貨スワップを求めてきたのも同じ理由である。ようするに世界の銀行はアジアの基軸通貨＝ハードカレンシーは円だということを認めているのである。ＩＭＦ（国際通貨基金）のＳＤＲ（特別引出権）の構成通貨に人民元が加わり複雑になってはいるが。だからアジアの金融危機には、円が保証しなければならない。

同様にアメリカが担保しているのは、アメリカと南米圏。イギリスが担保しているのはユーロダラーも含めて旧大英帝国の国々である。そして、ヨーロッパが担保しているのはユーロ圏および大陸諸国という構図になっているわけだ。

これがＩＭＦと連動する形で、世界の通貨の急激なリスクを防ぐための仕組みをつくっている。したがってアジアに関していうとＦＲＢの利上げもふまえて、アジア全般のリスクを抑えるためにスワップ関係を拡大する。と同時に、量的緩和によってマネーサプライ（資金供給）を増やすことでリスクヘッジする。

金融機関がユーロ市場で資金調達をする（期間一年以下の短い資金をやり取りする）さいの基準金利ＬＩＢＯＲ（London Interbank Offered Rate ライボー）は、世界の金利基準になっている。ここに来てドルの調達金利が上がるということは、世界的な規模で金融引き締めが生じてしまうことを意味する。

そのリスクが各国一律に生じるならまだいいのであるが、そうではなく、ハイリスクの国からキャピタルフライト（資金流出）が起き、リスクのないところへお金が集まるという構図に全世界がなることを意味する。つまり、余裕のある日本みたいな国にお金が落ちてくる。欧州におけるドイツとギリシャ、イタリア、スペインの関係のような構図になるわけだ。そのリスクが大きい。このとき第二の南欧危機の状況になると注意しなければならない。

世界を混乱させても利上げする理由

ＦＲＢが利上げをする理由は前述の通り、インフレ懸念にある。じっさい不動産価格全般で見てみると、すでにリーマンショックの水準を超えている。西海岸やマンハッタンなど、一部地域では完全にバブルの前兆が見えている、というよりバブルに陥りかかっている。マンハッタンだけで見ると、サブプライムのときに比べても、価格が二倍近くまで上がった物件も出始めている。不動産に関しては、確実に一部地域でバブルになっているといっていい。

じつはチャイナマネーが大量に入り込んで、不動産価格を引き上げすぎたのだ。資産バブルのリスク、実体経済以上に資産価格の上昇分のほうが大きくなりすぎているので、利上げして引き締めざるをえないという側面も確かにあるのである。

さらに東海岸だけではなくて、西海岸側でも中国人の多いロスやその周辺はかなり上昇している。カナダのバンクーバーもそういう状況だ。チャイニーズがたくさんいる地域は不動産バブルが明らかに起きていて、大きなリスクになっている。

さらに不動産バブル崩壊がチャイニーズのいる全世界で見え始めている。特にそれがいま顕著なのがオーストラリアだ。これが同国の銀行の大きなリスクになっている。

もともとオーストラリアの銀行は預金不足で――日本でもバブル崩壊後に銀行が金利を上げて顧客を抱え込む動きが起きたが――高金利で預金を集め始めている状況なのである。カナダの銀行も同様で、バブル崩壊が明らかなのである。デフレ下において金利が上がるという異常な事態になっている。南米における中国の投資の引き揚げが引き起こしたバブル崩壊と同じようなリスクが生じているのだ。

トランプ大統領の本業は御存知の通り不動産屋であり、バブルの恩恵と崩壊の怖さをもっとも味わった人なのである。

トランプは負債を整理するため、豪華ヨットのトランプ・プリンセス号と、東海岸の大都市を結ぶ航空会社、トランプ・シャトルを手放さなければならなかった。加えて、メディアに私生活上の女性スキャンダルを取りあげられる。おかげで起死回生を懸けて膨大な資金を投じた、アトランティックシティのカジノ、タージ・マハールのオープンにも、集中することができなくなった。

フォーブス誌からは、トランプの資産が五億ドルに目減りし、このまま推移すれば、四〇〇〇万ドル程度の資金不足に追い込まれるだろう、と予測された。

一億一五〇〇ドルで購入したマンハッタンのウエストサイドの広大な土地に、トランプは世界一高いビルをつくる計画だった。ところが、地元の環境保護活動家たちの申し立てにより、プロジェクトは差し止められた。差し止め期間中、トランプは毎年一二〇〇万ドル前後の利払いを課せられたのである。

結局、投資の失敗、破綻（はたん）などによって総額推定九億ドルの負債を抱えて「世界一貧乏な男」という、不名誉な仇名をつけられた（『週刊現代』二〇一三年四月二十七日号　福田和也）。

それでもトランプはどん底から返り咲いたのである。

ドイツ銀行ショックが世界金融危機を誘発する

世界金融危機のリスクとなるもう一つの大きなポイントが、ドイツ銀行ショックである。ブレグジットにより崩壊にあえぐ欧州＝ＥＵを牽引してきたドイツ最大の銀行であるドイツ銀行が破綻の危機に瀕（ひん）している。

ドイツ銀行は二〇〇八年のサブプライムローン問題の発生以降、アメリカやイギリスの銀行が資産を売却して業務縮小、利益確保を進めるなか、業務の拡大を続けた数少ない銀行だった。総資産額では二〇一二年に世界一位、一三年には同四位にランキングされるほどであった。

またドイツ銀行は、ドイツ企業の海外進出を助け、その決済の中核を占めてきた銀行である。金融取引総額は約六七兆ユーロにのぼるが、これはドイツの国内総生産（GDP）の二〇倍に相当する数字である。同行はまた、ドイツの自動車大手フォルクスワーゲン（VW）のメインバンクでもある。

そのドイツ銀行がなぜ破綻に瀕しているのか。問題はやはりマネーの流れにあった。アメリカでサブプライム問題が起きたとき、いわゆる「質への逃避」の影響から、アメリカに余っていたホットマネーがヨーロッパに入り、異常なユーロ高になった。逆にいうとアメリカが新興国投資として保有していた債券を、ドイツ銀行がユーロ高を利用してどんどん買い取っていったのである。

またイギリス系の銀行も、アメリカとほぼ同時にサブプライムによりバブルがはじけているので、米銀同様売る側だった。やはりそれを買ったのがヨーロッパ勢で、その最たるものがドイツ銀行だったのだ。

このドイツ銀行が持っているポジションやレバレッジ（信用をもとに自己資金を大きく上回る規模の取引を行って大きな収益を狙う、ハイリスク・ハイリターン型の取引）は世界最大で、すでにリーマン以上の規模になっている。ＩＭＦのレポートにも出ているように、金融危機で世界各国の銀行にもっとも大きな影響を与える銀行といわれているのが、このドイツ銀行なのである。

大きすぎて、つぶすにつぶせない状況になっている。

そもそもサブプライム関連債券をつくった首謀者はドイツ銀行だった。ゴールドマン・サックスやベアー・スターンズのような投資銀行はそれに乗っかっただけだ。

それまでは調子良かったのが、リーマンショックによって一気にデレバレッジ（レバレッジ取引を解消すること）が起きて、ヨーロッパの金融機関にも金融家にもリスクが波及した。そして、このときの苦肉の策が時価評価の放棄だったのである。

そのため、いま持っている含み損がどれくらいあるかわからない状況になっている。ヨーロッパの銀行は表向き健全性が保たれているように見えて、時価評価したなら、どうなるかすでにわからない。これを突っつくと大変なことになるのでみんな見て見ぬふりをしている、という状況なのだ。

しかもアメリカと違うのは、ヨーロッパの銀行は基本的に預金者の預金を貸し出す間接融資が多い。アメリカのように証券化する直接融資ではなく、昔の日本のように銀行が直接貸し出していることが多い。

それからヨーロッパのもう一つのリスクというのは、前回の世界恐慌の後、アメリカや日本は「銀証分離」――銀行と証券会社を分離したが、それに対してヨーロッパは銀証分離をしていない。

したがって、金融危機が連鎖しやすい構造になっている。ドイツ銀行のみならずヨーロッパの金融はおしなべてそうなのである。

トランプ大統領で米英対欧州の金融対立が深まる

欧州はトランプ大統領について、明確なスタンスをとらない状況にある。これはトランプ大統領が誕生したことにより、欧州各国で独立派の躍進を推し進める結果となる危険性があるからである。とともにそれ自身が、ヨーロッパの解体や金融危機につながりかねないからである。欧州内では、対ロシア問題も含め意見が割れているのが現実なのだが、オバマ外交のあやふやな態度に救われて対立が表面化してこなかっただけなのだ。

しかし、トランプという強い大統領が生まれ、中東をはじめとするこれまでのユーラシア大陸政策全体が大きく変わることで、欧州自身にとっても大きなリスクになりうるのである。

また、英国離脱によって、欧州における銀行監督問題がすでに暗礁に乗り上げている。EU諸国の金融当局および欧州中央銀行（ECB）は、銀行同盟を含む銀行の破綻と救済処理の一本化を図ってきた。ところが二〇〇九年から七年経つ現在においても、ほとんど進んでいないのが現状であり、イギリスが抜けるいま、これが解決する可能性はゼロに近い。つまり、リスクマネージメントができてないのである。

また、国際金融においては英国、アメリカの関係性は深く、大陸系銀行と対立競合する構造になっている。トランプはドッド・フランク法をふくめ金融規制の緩和を進めようとしているが、強いアメリカという戦略には、当然米国金融を再び強くさせようとする側面もある。欧州金融の弱体化はアメリカの国益となるのである。

ブレグジットもトランプ大統領も なぜ日本市場が影響受けるのか

ブレグジット（一二八六円安）のときも今回の米大統領選も、日経平均株価がもろに影響を受ける理由を解説したい。

これは世界市場の構造上、東京市場がもっとも早く開くため、ただでさえ国際政治の影響を受けやすい。

また、東京市場の株の保有率の約六五％は日本人なのだが、売買の七、八割は外資のため、為替がそのまま株価に連動しやすい構造となっている。

さらにコンピューターによるハイ・フリークエンシー・トレード（超高速・高頻度取引、HFT）の影響が大きい。

たとえば人間が株価を見て、売り買いの判断をし、ボタンを押す。これに対してコンピューターは出た株価に対して即時に反応する。この時間差を利用するわけだ。

コンピューターは常に人間の判断の先を行くことができる。この時間差を利用して一円

選挙後のトランプの第一声。「忘れられた人たちが忘れられることは二度とない」、つまり一所懸命働いていても報われない労働者たちが幸せになれる社会の実現を、ということをいの一番に述べた。

抜きを何万回、何十万回と繰り返す。たった一円の利益でも抜き続ければ膨大な額になる。このＨＦＴと日経平均トピックスなどの指数商品取引が連動してプログラムを組んでいるのである。

この仕組みがあるので、株価の為替連動は今後も続くだろう。これが大きな問題になっているのは、二〇一五年の中国でもそうだったように、株価暴落が起きると、常に先読みして売り続けてしまう、また反対に買い続けてしまう。為替も株価も、上がるにしろ下がるにしろ急激連動、大急変を起こしてしまう。

よく狼狽(ろうばい)売りだとかパニック売りと

いわれるが、それが人間の判断だけじゃなく、コンピューターが助長するのである。

金融主導型社会の本質というのはいわゆるホットマネーという投機の要素が多分にあるのだが、それを是としてきたのがグローバル社会であって、金融主導型社会の実態であり、正体であったのである。

断末魔の中韓が日本を襲う

トランプ大統領でも後手にまわる韓国

トランプ大統領誕生を「ソ連崩壊に匹敵」と評する識者もいるほどの世界情勢の激変にあって、それどころではないのが韓国の本音ではないだろうか。

朴槿恵大統領はみずからの政界スキャンダルにより、支持率が五％まで急落し、連日連夜退陣を求めるデモや集会が行われている。これはあくまでも主催者発表ではあるが、参加者の延べ人数が韓国国民の三人に一人にあたる一〇〇〇万人以上に及ぶという。

事実上の軟禁状態といってよく、トランプ大統領に対し、祝辞の電話をできるような状況ではないだろう。副大統領と側近とされる人々も更迭されている。政権として、トランプに対応できる人がいない状態が続いているからである。

きっかけになったのは、韓国の朴槿恵の友人である崔順実(チェスンシル)容疑者の国政介入疑惑だ。十一月十二日にソウルで開かれたデモは警察発表によると二六万人が参加し、一九八九年の韓国民主化以降の反政府デモとしては最大級の規模で、よもや退陣はまぬがれないだろう。

ソウル中央地検に出頭した、韓国の朴槿恵大統領の親友、崔順実容疑者。韓流ブーム、平昌五輪まで飛び火するなど、疑惑は広がる一方だ。
©共同通信社/アマナイメージズ

本来、韓国の大統領はアメリカの大統領や日本の首相よりも絶大な権力を握っている。国民に直接選ばれる国家元首と行政府の首班を兼ねるのが最大の特徴なのである。

具体的にいうと、国会には予算案提出権や法案の拒否権、行政と司法には公務員や大法院長（最高裁判所長官）らの任命権、軍に対しても国軍統帥権が与えられている。条約の締結・批准はもちろん、宣戦布告権限、戒厳令布告、憲法改正提案権、恩赦まで持つ。権力の肝である人事だが、政府、軍など合計七〇〇〇人もの幹部級人事に影響力を持つといわれている。

韓国大統領は一期五年で通常再選は認められていない。その改正を視野に入れて朴

韓国大統領官邸「青瓦台」。その主となった歴代大統領の多くが、自殺、投獄など悲惨な末路をたどっている。

槿恵は憲法改正をしようとしているのではないかといわれていたが、もはや万事休すであろう。

韓国が悲しい国である大きな理由は、大統領が辞めると絶大な権力を失い、逮捕されたり、自殺させられたり、死刑になったりすることである。

逆にいえば、韓国の大統領は、任期のうちに縁故主義で身内や親族に仕事を流しておいしい思いをさせる。だから今回問題になっている財団の話も、大統領の名前で金を集めて、それを引退後に資金にしようとしていたわけである。それを在職中に韓国国民に知られてしまったのである。

本来、権力者である大統領の側に立つ検

察と大統領サイドが朴槿恵自身の聴取をめぐり対立している。

退任を迫られている朴大統領には三つの選択肢がある。

一つは即座に辞任する。この場合、不逮捕特権を失い即座に収監され、処罰される可能性が高い。

二つ目は、そのまま職にとどまり続けることである。この場合、国会で弾劾し裁判所が認めた時点で収監、処罰される可能性が高い。

三つ目は、来年二月の任期満了まで務めることである。この場合、次の大統領が誕生した時点で収監、処罰される可能性が高いということになる。

つまり、どの選択肢を選んだとしても、逮捕収監、処罰が早いか遅いかの違いでしかない。ならば、自ら辞任するという選択肢は最悪の選択肢となるわけである。ただし、早く辞めることで情状酌量などの可能性は高くなる。

これ以外にも、究極の選択肢が二つある。それは政治亡命であり、二つ目は父母と同じ暗殺ということになるだろう。他国ならば可能性はないが、韓国の場合初代の李承晩も亡命を選択した。インターネットなどでは、暗殺を求める声まであがる始末なのである。

崔順実問題によって朴槿恵大統領と道連れにされそうなのが、財団に多額の献金をして

悲惨すぎる韓国大統領の末路

李承晩 （初代～３代）	**亡命** 4・19学生革命でハワイへ亡命
朴正熙 （５代～９代）	**暗殺** 夫人はその４年前に暗殺
崔圭夏 （10代）	**軍事クーデターにより辞任**
全斗煥 （11代～12代）	**投獄および死刑判決** 後に特赦
盧泰愚 （13代）	**逮捕および懲役** 退任後に軍刑法違反で懲役刑（後に特赦）
金泳三 （14代）	**次男が利権介入による斡旋収賄と脱税で逮捕**
金大中 （15代）	**息子3人全員が賄賂で逮捕**
盧武鉉 （16代）	**自殺** 税務職員だった兄は収賄で逮捕
李明博 （第17代大統領）	**相次ぐ側近、親族の連続逮捕および起訴**

きた財閥たちである。すでに検察当局は各財閥の幹部やオーナーの事情聴取を進めており、朴槿恵が逮捕されたなら、彼らも道連れになる可能性が高い。

基本的に贈収賄というのは収賄側だけでなく、贈賄側も立件されるからだ。そして、韓国を支配する大きな闇(やみ)がこの問題の背後に隠れているといえよう。

一九九七年の東アジア通貨危機以降、韓国の財閥は合従連衡(がっしょうれんこう)を進め、その結果中小零細企業のほとんどがつぶれて、韓国経済における財閥の支配比率が高まった。十大財閥でなんとGDPの七割を超えるのである。そして、今回の問題ではこの十大財閥のほぼすべてが嫌疑をかけられている。財閥幹部の逮捕、投獄となって企業が機能不全となれば、韓国経済そのものを瓦解させていく可能性が高いといえるわけである。

ただでさえ経営状態が厳しくなっている各財閥にとって、致命傷となりかねないのである。以下で各財閥各企業に実情について述べていこう。

検察の参考人聴取を受けた財閥トップの一覧

サムスン	李在鎔氏(48)
現代自動車	鄭夢九氏(78)
S K	崔泰源氏(55)
L G	具本茂氏(71)
ロッテ	辛東彬氏(重光昭夫、61)
ハンファ	金升淵氏(64)
韓 進	趙亮鎬氏(67)
C J	孫京植氏(77)

(注)肩書は李在鎔氏がサムスン電子副会長、その他は各財閥の会長、カッコ内は年齢

造船も海運も共倒れ

韓国は政治だけでなく経済もすべてにおいて歯車が狂っている。

造船企業でも、高品質の日本の商船と低価格の中国船に挟まれ、韓国の造船会社大手三

社の商船が売れなくなってしまった。そして、それを打開するために新規に始めた海洋プラント（石油掘削リグ）建造でも、生産技術が足りないため受注に追い付かず、クライアントに売り上げに対する三～五倍の賠償金を払う始末である。一五年は三社ともに兆ウォン単位の赤字を出した。

同様に造船と表裏一体の関係にあるのが、海運業である。海運最大手で世界七位の韓進海運が八月末に破綻したことにより、韓国は海運業も壊滅的な状態になっている。これによって物流混乱が起きて、約一四〇億ドル相当の貨物が身動きの取れない状態に陥っていた。韓国人従業員の約半数である五六〇人の解雇も決定した。本来、海運会社のようなインフラを担う会社が破綻するとなれば、代替処置を国家が敷くのが常識なのに、後手にまわり、日本も含め世界にただ混乱を与えているだけの状況だった。

たとえば日本であれば、二〇一二年に三光汽船の二度目の破産が起きたときも、アメリカとイギリスですばやく破産手続きを行い、船の差し押さえの手続きを取り消す訴訟を起こし、航行再開に至っていた。とにかくこういうときに優先すべきは、預かり物の荷物を届けることであろう。

普通の国ならオペレーションがある。そのために船主組合があって国による補償制度や保険制度があるのだが、韓国ではこれがまったくなく、ただひたすら機能不全になる。

韓国はただでさえ貿易依存度が八一・二一％（一四年時点。日本は三二・六六％「GLOBAL NOTE」）と高いというのに、この体たらくである。韓進海運はコンテナ船会社だったからよかったものの、もしタンカーだったらエネルギーが来ないという、考えただけでもぞっとするようなことが起こりかねなかったのだ。

結局、これが韓国のすべてを象徴しているのである。

現代も頼みの綱のサムスンも八方塞がり

自動車にしても、韓国は造船と同じような日中挟み撃ちの構図に苦しんでいる。性能では日本車には敵わず、安価では中国に敵わない。日本車より安くて、そこそこの性能という売りだったのが、アベノミクスによる円安の影響で韓国の競争力が日本車と逆転して急激にシェアを落としている。VWやGMなど欧米のメーカーも人件費が安かった中国で車をつくらせていて、マーケットを奪われてしまった。

ロッテは、もともと在日韓国人が日本での収益をもとに興した財閥だが、前政権だった李明博の巨大スポンサーだったため、いまあら探しをされている。そこに来て兄弟・親子で争うような醜聞をさらしてしまった。

サービス業も、鉄鋼も造船、海運も、自動車もダメで最後の頼みの綱のはずだったサムスンは、基幹である新型スマートフォン「ギャラクシーノート７」が爆発し、全一〇カ国・地域で二五〇万台を回収する目も当てられない事態が生じていた。

そして回収し、交換したノート７でも爆発が発生してしまった。全世界で使用中止を求められ、販売店に対し販売と交換を停止するように要請せざるをえない状況だ。ノート７は「これはヤバイ」というＣＭを打っていたのであるが、シャレにならない事態が生じてしまった。本当に「ヤバイ」のだ。

また、生命保険でいうとサムスン生命が五〇％ほどのシェアを持っているのだが、主な貸付先がサムスンなので、サムスンになにかがあるとサムスン生命も一蓮托生で倒産する。

結局のところ、韓国という国はサムスンに過度に依存する歪な経済体系なのである。

サムスングループ一社で韓国のＧＤＰの約二割を稼ぎ出しており、携帯電話事業はサムスン電子の利益の七割を稼ぎ出す構造となっている。つまり、今回のノート７の爆発は、韓国のもっとも大切な大黒柱が折れてしまったことを意味する。

ただでさえ九月から十二月のクリスマス商戦は、アメリカの年間消費の四〇%を稼ぎだす大事なときである。だからこそアップルも毎年この時期に新商品を発表してきた。今回のトラブルで、一気にリコールと補償金などで利益が飛ぶだけでなく、同業他社に一気にシェアを奪われるのは、もはや避けられないであろう。

バッテリが爆発したサムスンのギャラクシーノート7。安全対策ずみの交換機からも発火が相次いだため、10月11日、製造の完全停止が発表された。
©Polaris/amanaimages

さらにサムスンをここまで巨大企業に育て上げたサムスン電子の会長の李健熙(イゴンヒ)が植物人間状態で、もう一年以上たっている。ところが、いまだに後継者が見当たらない。サムスンは循環出資などを利用し、外資に株は買われていたものの、李健熙一族の企業支配構造は壊れていなかった。これに目を付けたアメリカのハゲタカファンドがサムスングループの分割を要求、内部留保を吐き出すように迫っている。

一方、李一族内も李健熙亡きあとを見据えて、相続問題がすでに起きている。この構造が壊れると、サムスンが一気に弱体化する可能性も指摘されているのである。

韓国を弱体化させたのもグローバリズム

断末魔の韓国がここまで混乱している根源的な理由は、事大主義（自分の信念を持たずに支配者や風潮に迎合して自己保身すること）に陥っているからである。

米韓関係についていえば、高高度防衛ミサイル（ＴＨＡＡＤ）導入をめぐり中国とアメリカを両天秤（てんびん）にかける二股（ふたまた）外交によって、相互の信頼を失うという最悪の結果をえた。

また、日本に対しても中国経済を頼みに韓国のほうから切ってきた通貨スワップ協定の再開を、韓国経済の失速とともに求めだした。

いまの韓国を分析するうえで非常に重要なのは、盧武鉉（ノムヒョン）政権が誕生したときに、日米との亀裂（きれつ）がどうしようもなくなったということだ。

日本やアメリカから見れば、韓国は地政学的に安全保障上重要な位置を占めていた。東西冷戦では共産主義社会、旧東側社会の橋頭堡（きょうとうほ）として、また自由主義陣営のショーケースとしても利用してきた。韓国を支援することが日本の国益だった時代があった。

ところが東西冷戦構造が終わったことにより、韓国の位置づけがあやふやになってしまった。

それと同時に一九九七年の東アジア通貨危機によって、韓国の持っていたプチ日本型の経済構造が破壊されてしまった。

韓国は日韓基本条約（一九六五年）を調印し、請求権を放棄するかわりに、日本から総額八億ドル（無償三億ドル、政府借款二億ドル、民間借款三億ドル）の援助資金を受けて、同時にさまざまなかたちで技術供与も受けてきた。

韓国最大の鉄鋼企業であるポスコ（旧・浦項総合製鉄）も新日本製鐵からの融資や技術導入を受けていたし、現代自動車は三菱自動車から、百貨店事業やホテルなどのサービス部門で有名なロッテはガムやチョコなどの菓子を売る日本の会社だった。

いってみれば韓国は日本の援助によりできた人工的な国家であり、十大財閥に集約されるまでは、日韓関係は非常に友好的だった。それが東アジア通貨危機によって、日本との資本関係が壊れると同時に、アメリカ型のグローバリズムが大量に流入してきた。

その結末が、十大財閥がＧＤＰの七割を超えるという非常に歪(ゆが)んだ経済構造なのである。

また日本や海外企業との戦いにおいて、選択と集中という形でスクラップ＆ビルドで各財閥が一業種に特化していったところまではよかった。

たとえばサムスンであれば液晶、ＰＣ、携帯電話など黒物家電。自動車であれば現代(ヒュンダイ)というかたちで、一業種一社製に近いような国家構造をつくっていった。これが韓国の強みの一つでもあった。つまり、規模の利益を享受することができたわけだ。

しかし賃金の上昇とともに、韓国も国内生産から海外生産に移らざるをえなくなり、日本と同様に中国へ進出した。こうした日本や韓国の企業の投資が、現在の中国の発展の土壌となっていたのである。

ところが中国が発展しだすと、今度は韓国企業切りが始まった。

これは日本がかつて陥った罠(わな)でもあるが、新興国への技術供与が結果として、自国企業のライバルを育成することになってしまったのだ。

ただ日本と韓国の違いは、日本の場合は生産機械や基礎部品といった基礎的技術を国内に温存したが、韓国はそうではなかった。つまり、日本企業は中国に組み立てを移行したにすぎなかったのだが、もともとそれは日本が韓国企業に与えてきたものと同じものだった。韓国にはこの基礎的技術部門がほとんどないに等しい。

たとえばサムスンは巨大な企業に見えるが、サムスンの液晶やＣＰＵメモリなどをつくっている生産機械は、ほぼ一〇〇％日本製。シリコンウエハやアルゴンガスなど基礎的材料もそうだ。そういう日本の技術に極端に依存した構図、いわば虚業に近い拡大をしてきたのが韓国経済だったのである。日本企業も追い詰められ、政治的にも日韓関係が悪化していくなかで、これまでのように韓国企業を甘やかさなくなったということである。

在韓米軍慰安婦問題がトランプの逆鱗に触れる

慰安婦合意が韓国ロビイの弱体化を招いた。今回の選挙では、慰安婦問題に深く関わってきたマイク・ホンダ氏が落選の憂き目にあった。この理由はさまざまある。彼の支持母体は主に現地の韓国人であり、慰安婦合意により、日本政府からの賠償の可能性がなくなり、それが弱体化したのも原因の一つだったといわれている。

また近年このような慰安婦支援団体には中国の影も見え隠れするようになり、今回の合意により韓国系から中国系に運営主体が移りつつあるといわれている。

前述したように、在米韓国人コミュニティは民主党の支援母体の一つだったわけである。特にカリフォルニアでは、グランデール市に慰安婦像が建てられるなどその活動が活発であった。

しかし、これが今回のトランプ大統領誕生で裏目に出る可能性が高い。この問題に積極的に関与してきたことで、共和党にとっての敵対勢力と認識されている。さらにアンカーチルドレン問題などトランプ大統領からも敵視されているのである。

また、一部で在韓米軍慰安婦の問題が提起され始めており、これまで日本を対象としてきた慰安婦問題が米軍にまで波及しかねない状況なのだ。じつは韓国における慰安婦制度は一九八〇年代まで継続しており、日本撤退後の慰安対象は米軍兵だったわけである。

これまで日本だけが対象であったから許された慰安婦問題に米軍が巻き込まれた場合、アメリカ内でも大きなアレルギー反応が出ることは確実である。

そして、トランプは退役軍人会などからの支援を受けている。この問題の米軍への拡大はトランプの逆鱗(げきりん)に触れるであろう。

結局は自業自得

盧武鉉政権の大罪は、いわゆる「親日法」（親日反民族行為者財産の国家帰属に関する特別法）という、戦前に日本から利益があった財閥の資産は没収できるという、遡及法をつくってしまったことだ。これによって日韓の民間同士のパイプがほとんど切れてしまった。その後、日本生まれの李明博大統領（〇八―一三年）という右寄りの政権ができたものの、リーマンショック以降ふたたび韓国が通貨危機に見舞われた。ただでさえ外貨準備が少ないうえに、外資が外貨の回収を進めたために、いつ破綻してもおかしくない状況に陥った。そのとき手を差し伸べたのも日本だったのである。

当時、李明博は麻生総理に慰安婦問題を二度と持ち出さない、反日的行動もとらないことを条件に通貨スワップを懇願した。ところが二〇〇九年に民主党政権が誕生したとたんに、李明博は手のひらを返し、一二年八月には天皇陛下に土下座しろとまでいい日本国民を怒らせた。おそらく李明博はふたたび自民党政権が誕生することはないと高をくっていたのであろう。

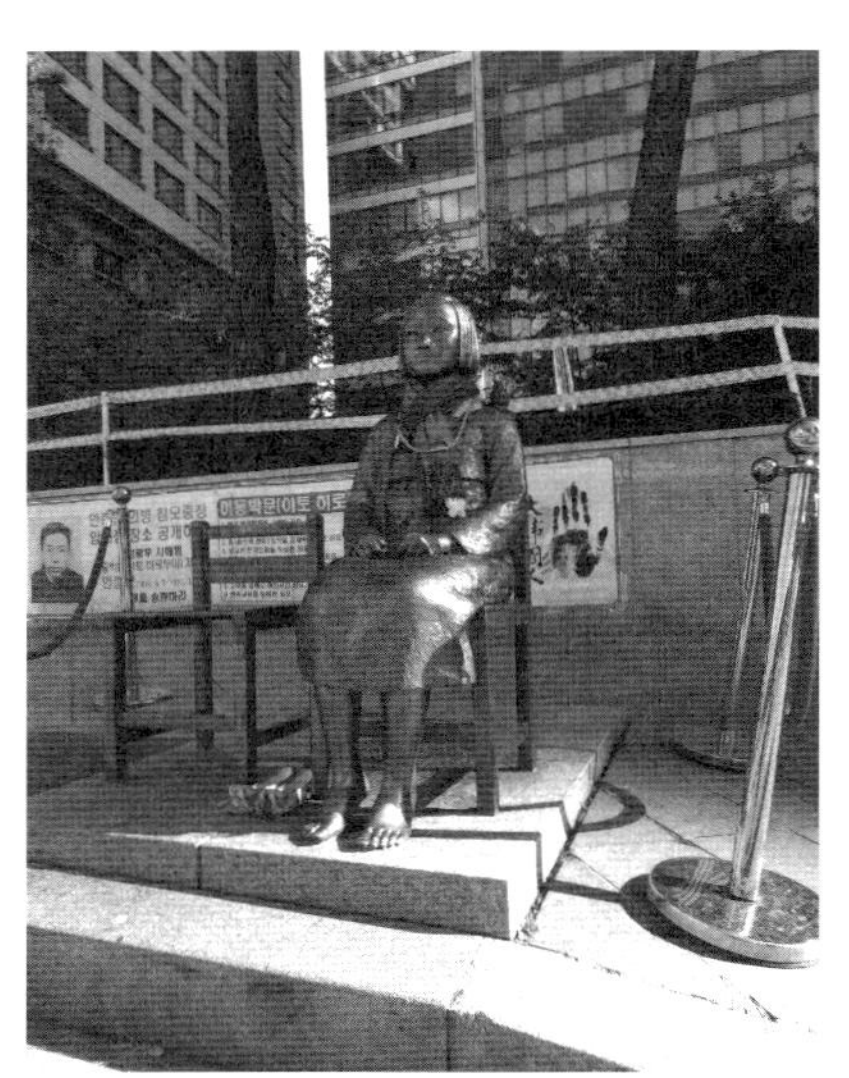

いまだに撤去されていないソウル日本大使館前の慰安婦像。後ろには伊藤博文を暗殺した安重根の横断幕が張られている。

当時の韓国紙の報道を見ると、沈む日米に見切りをつけて中国と組もうという論調が目立つ。日本との通貨スワップの期限が切れても中国に切り換えればいいだろうとばかりに。

このような卑怯なコウモリ的行動は日米の当事者を激怒させ現在の韓国の惨状を招いた大きな原因であろう。そして二〇一五年七月、中国の株式バブルが崩壊したことで、ふたたび日米側にすり寄ってきたのであった。確かに日本に対して卑劣な行為を働いたのは李明博であった。それでも、それを踏襲したのは朴槿恵。彼女の責任は大であろう。

はたして自民党が政権に返り咲いて以降、日本からの経済援助がストップして、苦境に陥っていたというのが、ここ数年の韓国だったのである。つまり完全に自業自得なのだ。

止まらない資金流失と人民元安

次に中国経済が抱えるリスクと世界および日本へ与える影響を分析していこう。

まずリスクであるが、前章で解説したように、キャピタルフライト（資金流出）が激しくなると国家は信用不安に陥る。中国の資金流出が止まらなくなっている。

中国人民銀行（中央銀行）の発表によると、十月末時点の外貨準備高は三兆一二一〇億ドルで、二〇一一年三月以来の水準に減少した。

前月末の水準から四五七億ドル減少し、今年一月以来の大幅な落ち込みとなり、四カ月連続の減少で、減少幅は過去三カ月を合わせたよりも大きかった。

だがこれは中国当局の発表にすぎず、欧米の金融機関の試算によると、一五年だけで中国の資金流出は一兆ドルを超えると見られている。また外貨準備のなかのアメリカ国債一兆二〇〇〇億ドル以外の資産内容が不明なのも恐ろしい。たとえ外貨が空っぽでないとしても、いざというときに中国の中央銀行は外貨を使えない公算が高い。

もちろん中国も外貨流出に対し手をこまねいているだけでなく、禁じ手といっていい対

人民元はリーマン後の水準に到達（元の対ドル相場）

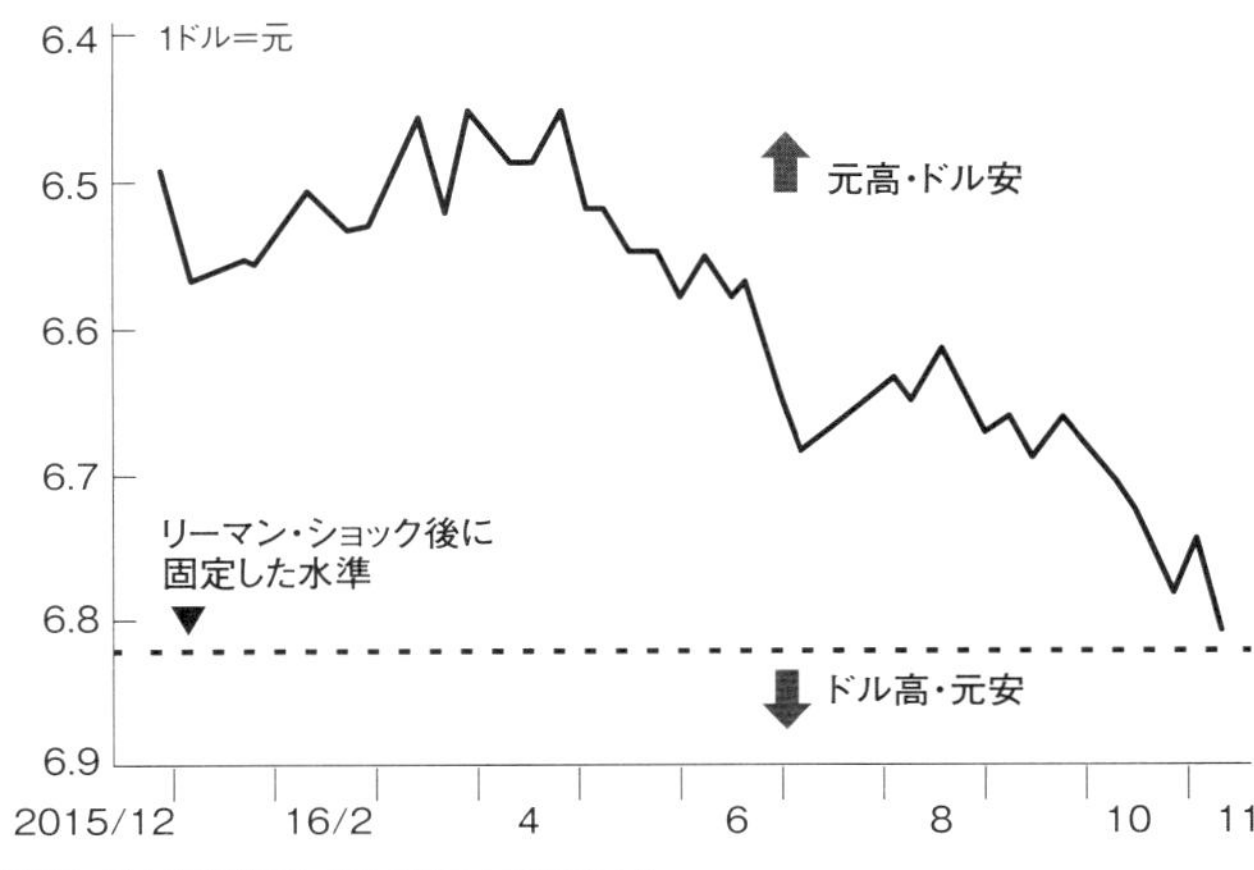

（出所）日本経済新聞（2016年11月12日付）

策を矢継ぎ早に打っている。

まず一五年九月には、国内の金融機関に対して先物での人民元売り・外貨買いの為替予約を受け付けた場合、外貨の二〇%を、中国人民銀行に無利子で一年間預けるように命じた。

また、翌十月には、中国のクレジットカードにあたる銀聯カードの外貨キャッシングに、一日一万元から年間一〇万元（一九〇万円）という制限を設けた。

十二月には、外国銀行の三行に対する為替免許の停止、翌一六年には中国の為替拠点の銀行に対して、さらに顧客の人民元売り・ドル買いを年五万ドルに制限する命令を出した。

しかし、こんな強引な対策はかえって逆効果であろう。

いくら国内市場の規制をしても、海外市場にはさすがの中国政府も手が出せない。じっさい規制を強めた一五年十二月ごろから、海外市場が主導するかたちで人民元の下落が生じている。それを食いとめるための介入によって、外貨準備が失われていった。

また中国当局が強い期待を持っていた人民元のSDR構成通貨入りもいまのところ、不発に終わっている。人民元安が進行し、国内実体経済の悪化とともに、人民元建て決済高は増加するどころか減少に転じている。

中国の輸出にトランプがとどめを刺す

その人民元相場が、対ドルでの下落が続き、リーマンショック前の水準である一ドル＝七元に近づいている。十七日の基準値を中国人民銀行（中央銀行）は六・八六九二元の元安水準に設定。これは二〇〇八年六月以来の元安水準である。

元安には三つの理由があるとされている。第一に「トランプ・リスク」、第二に米中金利差の縮小、第三に中国企業の海外M＆A増発による元売りである。

一つずつ簡単に説明しよう。トランプ・リスクとはこれまでも述べてきたように、中国を為替操作国に指定し、四五％の報復関税を課すことを想定し、元の暴落に備えて市場では元の持ち高を減らす動きにつながっているからである。

また、大統領当確後にアメリカの長期金利が上昇し、米中の金利差が縮小しているためドル高・元安方向にシフトしている。

そして中国企業による海外M＆Aが増加すれば、買収するときにはドルを使用するので、当然人民元をドルに替える動きが加速する。

一方、中国側にも元安を容認せざるを得ない事情がある。外貨の温存もそうだが、輸出を下支えするために通貨安に誘導するのである。

ところが元安にもかかわらず、輸出が落ち込んでいるのだ。中国税関総署が十一月八日に発表した十月の貿易統計によると、中国の十月の輸出額はドルベースで前年同月比七・三％減の一七八一億ドル（約一八兆六〇〇〇億円）と、今年に入ってから落ち込む一方だ。しかも九月、十月と減少幅が拡大している。

一～十月の累計で見ると、主な輸出先である米国（前年同期比七・七％減）、欧州連合（同四・九％減）、日本（同五・三％減）といずれも前年割れ。

したがって輸出を下支えするためにも元安を容認したのであろう。そして通貨安へとドル買い介入を繰り返した結果、前述のように十月末の外貨準備高はピーク時より二割以上目減りしたのであろう。

そのうえトランプが「四五％の報復関税」を発動すれば、中国の国内生産（ＧＤＰ）は「年率三％弱（約四三兆円）も下振れする」（大和キャピタル・マーケッツ）という分析もある。

中国進出企業のジレンマ

人民元安は中国に進出している日本企業にも影響を与えている。

中国進出企業は大きく二種類ある。中国を単に利用して世界中にモノを供給している企業と、中国の内需向けのメーカーの二種類だ。この二つで人民元安の受ける影響は違う。

人民元が下がるということは、人件費が下がるということなので、中国から他の国に輸出することを目的にしている日本企業はそれほど影響がない。むしろプラスであろう。

だが、すでに中国は「世界の工場」ではなくなっている現状がある。ユニクロですら、バングラデシュなど賃金が安い国へ移転している。経団連幹部も断言しているが、賃金上昇のため、人口集約産業の生産拠点としての中国にはすでに価値がなくなっている。

一方で、中国国内に向けてモノを売っている企業は、反対に大ダメージを受ける。内需の落ち込みもあり、不良債権化する可能性も出てきた。六〇〇〇億円を投資した伊藤忠商事や、実際に業績が悪化しているイオンは、中国事業の比率が高すぎるので厳しいであろう。唯一、生き残れるのは化粧品が好調な資生堂あたりだろうか。

日本経済にどの程度、中国経済悪化が打撃を与えるか。中国が原因で日本国内企業がつぶれたら、ダメージは大きくなる。たとえば、中国のイオンの事業部が中国政府によって完全に国有化されたら損金ははかりしれないであろう。

とはいえ、撤退も簡単ではない。

トヨタのいまの社長は、中国事業進出の責任者である。その関係があって、中国事業は社長管轄。社長としては中国がヤバイとわかっていても、生産台数的にも完全に切るわけにもいかない。しかし、いつでもリスクマネージメントで切り捨てる体制は整っている。

一番、問題なのは、伊藤忠商事とイオンであろう。伊藤忠は積極的な拡大戦略で売り上げ日本一になったが、その分リスクが大きい。イオンも同様である。国内市場が飽和状態にあるので、海外に活路を求めたのであろうが、そのリスクヘッジができているのか。これが大きな分かれ目となる。

日本国内と違い中国では、政争にクーデターや暗殺、大事故が起こらないとも限らない。一五年八月の天津での爆発にしても真相は不明であるが、結果的にトヨタの天津工場は現場から近かった。もし天津で営業していたら、同じような事象で従業員が犠牲になってしまう可能性もある。土壌汚染もひどい。そこで営業していて、日本企業から犠牲者が出た場合、中国政府や中国企業のように知らんぷりはできない。賠償しなくてはならない。それを考えたら危なくて、天津に工場を置いていられない。しかも表立って撤退などすると、中国政府に喧嘩を売る格好になるので徐々に動いていくしかない。急激にやると目立つので、目立たないように引いていく。それが一番難しいとトヨタ関係者が語っているのである。

むろん日本企業も中国リスクはわかっていて、中国商務省が十九日に発表した二〇一六年一～六月における日本の対中直接投資は一四・四％と大幅に減らしている。

内需まで低下

中国国家統計局の十一月十四日の発表によると堅調だった内需もほころび始めた。個人消費の伸びは縮小し、自動車など企業の工業生産も横ばいとなった。

中国政府は六・五％以上の経済成長をうたっているが、成長を支えているのは、結局、道路や空港などのインフラ投資（前年同月比一九・四％増）と不動産開発投資（同六・六％増）で、十月単月では一三・五％増である。なんてことはない。不動産バブルを継続させることによって、実体経済が成長しているように見せかけているにすぎないのである。

ゾンビ企業と呼ばれる国営企業の整理統合も国際社会から求められていたが、とうとう国有銀行からのマネーの輸血が滞って大型倒産が始まりだした。

国営新華社によると国有鉄鋼大手、東北特殊鋼集団（遼寧省）が経営破綻した。同社は今年に入り九回の債務不履行（デフォルト）を起こしていた。負債の合計は計四〇億元（約六〇〇億円）前後という。地元メディアによると東北特殊鋼の負債総額は五〇〇億元を超え債務超過に陥っていた。

中国企業のデフォルトは急増しており、鉄鋼や石炭、セメントなど幅広い産業で過剰設備問題が深刻化している。

また、造船も同様である。ほぼすべての企業が赤字経営に陥っており、人民解放軍からの受注がない企業は淘汰されると見られている。

このような中国経済を支えていたのが不動産であるが、不動産利回りがゼロに近い水準に達しており、いつ不動産バブルがはじけるか戦々恐々としているという。

投資家たちは中国企業への投資を避け、不動産に走ったのであるが、一方の企業の多くも余剰資金を不動産に投下し、その不動産の売買益で利益をあげ、本業の赤字をごまかしている状況だった。だがそんなことをいつまでも続けられるはずもなく、破綻するのは時間の問題とされ、中国国内でもXデーが盛んにささやかれている。

そのようななかで対中貿易に対して厳しい対応をとるとされるトランプ大統領が誕生することで、今後中国はアメリカとの貿易摩擦交渉で非常に厳しい立場に立たされるであろう。八〇年代の日米貿易摩擦以上に困難を極める。なぜなら日米と米中では貿易摩擦の質に違いがあるからだ。

自動車にしても家電にしても日本の製品はオンリージャパンだったのに対し、オンリーチャイナが中国製品にはない。日本でしかつくれなかったり、高品質で安かったりということで「日本製」はアメリカを席巻したのである。ところが中国製品は他国でもつくれ、単に組み立てているだけにすぎない。そのため中国の貿易摩擦交渉は非常に脆弱である。アメリカとしては輸入が止まったとしてもたいして困らない。消費者にしても国産品か同一経済圏でつくられた代替品があれば、そっちを選ぶのは当然の話である。たんに価格の問題なのである。

ここにトランプがいうような四五%、またはそれ以上の関税がかけられるのであれば、中国製品の競争力は一気に低下する。これが中国バブルの致命傷にもなりかねない。貿易摩擦だけではなく、産業スパイによる中国排除の流れも中国のバブルに致命傷を与える。

前述したファーウェイと、中興通訊（ZTE）の二社がアメリカ国内のCPUとか基地局を使用することを拒否されたように、アメリカは国内の産業スパイの摘発に躍起になっている。

昨年（二〇一五年）には、中国のスーパーコンピューター「天河二号」（Tianhe-2）および「天河一号A」（Tianhe-1A）が「核爆発関係」の研究に利用されているとして、米商務省がインテルおよびＮＶＩＤＩＡに対し、中国の該当組織へのプロセッサ輸出を禁止する命令を出したと報じられた。

また、今年の六月には、中国生まれで米国在住女性が米航空機エンジン大手プラット・アンド・ホイットニー社や米ゼネラル・エレクトリック（ＧＥ）社の製造したエンジンを購入し、中国への不正輸出をしようとした事件が発覚した。

中国当局は産業スパイの関与を再三否定しているが、トランプ大統領により、かつて共産圏向けの戦略物資の輸出禁止や輸出制限を目的としたココム（ＣＯＣＯＭ＝対共産圏輸出統制委員会）のようなものが中国に対してつくられないとも限らない。

トランプは政策案としてサイバー攻撃への対応も強化すると発表している。報復関税や輸出禁止措置など強化されれば、中国経済は今後ますます苦境に立たされるであろう。

巨額献金阻止で中国のアメリカへの影響を排除

トランプの二八の公約には献金やロビイストを規制する次のようなものがある。

- ホワイトハウスと連邦職員がロビイストに転向することについて五年間の禁止期間を制定
- ホワイトハウス職員が外国政府のロビイストとなることについて永久禁止
- 外国のロビイストがアメリカ内の選挙に資金を提供することを完全禁止

これまで、アメリカの政治を動かすため海外からの膨大な資金が流入していたとされている。

その典型がクリントン財団問題であり、トランプはこれを強く規制するとしているわけである。AP通信によると、少なくとも一六カ国の政府が最大一億三〇〇〇万ドル（約一五五億円）を財団に献金していたという。

表と裏で金を動かし、世界各国の政治に介入するのが中国の政治手法であったわけだ。これができなくなり、過去においての諸問題の調査が進むとされているわけである。

メキシコでは大統領夫人への不正な賄賂が発覚し、インドネシアでも国営企業相への賄賂疑惑が出ており、世界各国での実情が明らかになりつつある。

このような状況のなかで、賄賂が原因ではないものの、ラスベガスとロサンゼルスを結ぶ高速鉄道の計画で、アメリカのエクスプレスウエスト社が中国鉄道総公司との合弁解消を発表。今後もこのような動きが加速すると考えられる。

アメリカには「バイ・アメリカン法」によって、アメリカ内で生産された鉄鋼や材料などを優先的に利用する義務がある。中国で生産された物を輸出する中国型のインフラモデルでは、これに対応できない。

伊勢志摩サミットで『質の高いインフラ投資の推進のためのG7伊勢志摩原則』（98ページ参照）が決定された。

今回、トランプは一兆ドルのインフラ投資を行うとしているが、これは国内産業の保護と経済政策という両面でこの原則を厳しく守るものであると思われる。他国に対してもこれを厳格に求めてゆくだろう。

また、アメリカが独自にインフラ銀行をつくる案も出ている。この場合でも同様であると思われる。

アメリカは、世界の基軸通貨であるドルを支配している。また、国際投資案件はドル決済が基本であるため、中国モデルのインフラ事業は金融面からの圧力も受けることになる。これは世界のインフラ事業からの中国の排除につながるというわけだ。保護主義的カラーの強いトランプが大統領になることで、中国はさらなる逆風にさらされることになるだろう。

人民元の行方

トランプは大統領選のさなか、中国をはじめとする為替操作国に対して強く否定し続けてきた。基本的に通貨安というのは、自国産業の保護政策である。中国の疑似的ドルペッグ（通貨バスケット制は事実上のドルペッグ）であり、人民銀行が介入しやすい構造になっているため、これをトランプは通貨操作であると指摘したわけである。

為替操作国とは、アメリカ財務省が提出する為替政策報告書に基づき、アメリカ議会が為替相場を不当操作していると認定した対象国のことで、一九八八年までさかのぼる。為替操作国に認定された国は、アメリカとの間で二国間協議が行われ、通貨の切り上げを要求される。またアメリカは必要に応じて関税による制裁を行う。トランプは中国に対しその関税を四五％と宣言しているのだ。

もともと中国が為替操作国であることを指摘したのは、トランプではなく、ノーベル経済学賞の経済学者ポール・クルーグマンだ。クルーグマンは人民元の為替レートが人為的に低水準に保持されていることに言及し、「中国が実質上のドルペッグ制を実行しているため、ドル安と連動して中国製品が格安となり、世界経済の縮小により、世界に存在する限られた需要に対して、中国製品が供給されることとなり、他国の経済成長に大きな打撃を与えている。中国人民元政策により最も被害を受けるのは貧しい国の労働者だろう」と指摘していた。だが、オバマ政権下ではアメリカ財務省がそれを却下した経緯がある。

しかし今回、為替操作国に指定されるリスクが大きく高まったのである。

同時にＩＭＦのＳＤＲ入りなど国際通貨にするのであれば、完全変動相場制へ移行すべきであると牽制しており、これもこれまで以上に強く中国に圧力をかけていくと思われる。

変動相場制が導入された場合、為替の変動により、中国企業の企業業績なども大きな影響を受けることとなるであろう。

「トランプ次期大統領、就任初日に『中国為替操作国指定』予告」という記事を韓国経済新聞（十一月十四日）が出した。第２章でも取りあげたことだが、大統領選挙の当確後各国首脳が電話で祝辞を送るなかで、中国・習近平だけが祝電をよこさないとトランプが不満を表したという。習近平が電話をしたかしなかったかで早くも両国による神経戦が始まったと解説する専門家もいるようである。

一方、ワシントン・ポストは「トランプ氏が地政学的な価値を低評価し、アジア太平洋地域から手を引こうとする孤立主義を採択するものとばかり中国が考えるなら、後に大きなミスをする可能性がある（中略）」と指摘している。

トランプ大統領で復活する日本

日本経済を取り巻く状況

第二次安倍内閣が誕生して以降の日本経済を概観していこう。そのうえで日本の根本問題を抽出し、処方箋(しょほうせん)とトランプ大統領以後の世界において日本の強みと弱みを考えていきたい。

二〇一二年の十二月、安倍政権はデフレからの脱却を最優先課題として掲げ、選挙に勝利した。

アベノミクス三本の矢である量的緩和・財政出動・成長戦略という大きな方法論を掲げたわけだ。一本目の矢である量的緩和に関しては、急激な円高を抑制するという大きな役割を果たしたものの、その効果は薄れている。

二本目の財政出動も成果がないわけではないが、まだ不完全。三本目の成長戦略は、そもそも論として資本主義国家である日本が民間が行えることを、政府がどこまで介入すべきなのかという議論もある。現実的には各種業界団体の利権誘導・補助金誘導に使われているにすぎない。

しかし一番の原因は、消費税増税である。

アベノミクスにより景気改善、実体経済の改善、人々の消費意欲が高まりつつあるなかで、消費税五%から八%への増税によってアクセルを踏み込んでいながら急ブレーキをかけるという誤った選択をしてしまった。

いうまでもなく、消費税は消費者が購入する商品に税金をかけるという基本構造があるため、消費減退を招きやすい税金である。それをわかっていた安倍総理は消費税八%増税を延期するかと思いきや、財務省等の増税圧力に屈するかたちでそれを断行してしまった。それ以降アベノミクスはいわゆるスピン状態に陥っており、改善の様子がいまのところ見られない。

その後、消費税増税による景気悪化の反省から、一〇%への増税延期を二回決めたものの、中国バブルの崩壊、ヨーロッパの金融不安、米国の利上げなど外的経済のマイナス要因が増加した。そんななかで新興国のマーケットも冷え込みつつあり、円高も加わり輸出も伸び悩んでいるというのが、いまの日本経済を取り巻く状況なのである。

日本経済の問題の根幹はデフレ

また、日経平均株価で見ると民主党政権時に八〇〇〇円前後だった株価が、一万七〇〇〇円近辺と二倍近くの値をいまだにキープしてはいる。ただ短期的な上げ下げはあっても、中長期的に見ると、消費税増税以降ずっと足踏み状態で踊り場から抜け出せていないことがわかる。

この株価にしてもＧＰＩＦ（年金積立金管理運用独立行政法人）の資産構成割合の変更による点滴、端的にいってドーピングにより、無理やり維持している側面もある。はっきりいって純粋な市場原理によって生み出されたわけではないのも問題だ。結局、日本経済の中長期的な不振の本質的な理由はなんといってもデフレなのである。

日本の資産構造を見た場合、貯蓄率が高く資産もないというわけではまったくない。ところが消費意欲が非常に乏しい。消費の改善がなかなか見られないというのが最大の問題なのだ。「金は天下の回り物」といっていた金銭感覚から「消費は悪である」と貯蓄する志向が国民全体に染みついてしまっている。これを打開するにはバブルを恐れず、一気にブーストをかけなければならなかったのに、残念ながら失敗したのである。

それから日本の深刻な問題は人口減少である。この問題の主因もやはりデフレにある。企業経営者なら簡単にわかる話で、たとえば従業員一〇〇人いるとして、一〇人減ったからといって利益が単純に一〇人分減るわけではない。従業員一〇〇人でも一人当たりの付加価値が少なければ企業としては儲からない。従業員一〇人でも一人が思いっきり儲けている会社は利益が出る、要するに生産効率の問題である。

デフレというのは人の値段を下げると同時に、この付加価値を奪っていく。だからデフレから脱却して一人当たりがきちんと利益を確保できるようになれば、同じ税収が得られて、国体も維持できるし、経済体としても拡大は可能である。

ただし、デフレから脱却できないままに人口が減れば、経済の縮小に歯止めがかからず大きな問題になってしまう。だからこそ一人当たりの人間の付加価値を高め、デフレからの脱却が早急の問題であり、新興国のような低賃金国から輸入された安いものや人材に依存する社会をやめなくてはいけない。そして国内生産を拡大しなければならない。

商店街のような店員の顔が見えるコミュニティーが商売として成り立ち、おじちゃんおばちゃんたちがそのなかでご飯を食べていけるような社会に戻していかないと、日本はデフレから脱却もできない。これこそが本来の成長戦略なのではないかと考える。

デフレという言葉を知らない日本人はもはやいないであろうが、なぜデフレが悪いのかはよくわかっていない読者も少なくないと思うので、簡単に説明しておこう。

デフレというのは今日より明日、明日より明後日と、より物の値段が安くなっていく現象である。一見、消費者にとってこれはとてもいいことのように見えるが、じつは社会全体として見た場合に大きなマイナス要因になる。また、企業経営者から見れば、売り上げによる会社の利益が減ると同時に、物価が下がる（つまりお金の価値が上がる）ことによって同じ額面の給料でも実質賃金は上昇することになる。つまり、儲けが少ないのに人件費は上がり、ダブルパンチで企業を疲弊させることになる。会社はリストラせざるをえなくなるということで、結果的に個人に跳ね返ってくるのである。

一〇〇円のものが九五円で買えるのは個人から見ればいいことでも、日本経済全体で見たら一〇〇億円のＧＤＰが九五億円まで減る。

この縮小再生産が起きてきたというのがデフレであり、日本のいまの現状なわけなのだ。

が、本来だったら金は天下の回り物で、お金をどんどん使う世界にしなければならない。ところがかつてあった終身雇用、年功序列制度などが（完全に失われたわけではないけれど）弱まり、社会保障の不安も生じたことによって、お金を使うことに対する不安が高まってしまった。

つまり、デフレというのは経済現象にとどまらず、きわめてマインドの問題でもある。そしてそれを煽り立てたのがメディアなのである。

政治の責任

いま起きているさまざまな日本の問題に関しては、自民党の責任も大きいといわざるをえない。目先の解決法ばかり採りすぎ、大衆迎合型でありすぎた。日本の最大の問題はここにある。

日本でも以前は、国家の予算計画を立てるうえで、「わが国の未来をどうするか」という長期ビジョンに基づいて個別の事業計画が立てられていたことがあった。五カ年計画、十カ年計画がまず先にあった。

それが民主党政権のときに、五カ年計画とか十カ年計画をなくして、全部単年度に近い、目先の予算に変えてしまった。

これは一般会計と特別会計の違いを正しく伝えてこなかった小泉改革の弊害である。日本国憲法で義務付けられているのはすべて単年度予算だ。単年度でものごとを決めなければならないため、長期ビジョンにかかわる計画がつくれなかった。だからこそかつて特別会計という別腹予算が設けられ、それを貯金箱にして五年、十年という長期計画がつくられた。

同時に決まった期間で終わる事業に関しては基金化する使い捨ての貯金箱もつくられた。この特別会計のよい部分悪い部分全部ごちゃまぜにして、特別会計＝無駄遣いと、すっかり世論が誘導されてしまった。

特別会計がないと長期計画がつくれないという本質的な問題を、おそらく国民の九五％以上の人が知らないし、学校でも教えない。政治家でさえなかには知らない人もいるほどである。政治の劣化にほかならない。

周回遅れの学者と官僚

特に日本社会の弊害として、東大閥と官僚が表裏一体の構造にあり、前例踏襲主義がはびこっていることにあるのだと思われる。

また官僚という特殊な関係のなかでは前任者の業績や行動を否定できないという、封鎖性がある。このため当事者が間違っていると知りながらも、それが正当化され繰り返される傾向が強いのである。いわば消費税増税も、その一例であるといえよう。

そして現在、官僚たちの中核となっているのが一九八〇年代以降に米国などに留学したグループである。経済学においてはシカゴ学派を中心とした新古典派経済学、いわゆる新自由主義が正しいと信じられていることにあるのだ。

だが、二〇〇八年九月に発生したリーマンショックによって世界的にこれは否定された。アメリカの経済学者の多くはシカゴ学派の誤りを認め、大きく舵を切り変えているなかにあって、日本の学会だけはあいもかわらずグローバリズムが花盛りなのである。

このため日本政府が出してくる経済政策や対応は、新自由主義的な色合いが強い「小さな政府」や「規制緩和」を中心としたものが多い。トランプが目指そうとしている、日本型社会主義経済左派政策とは、正反対のものであるといえよう。

ある意味、トランプの繰り出す左派的経済政策は新自由主義を否定したアメリカの経済界の最先端ともいえるものである。他国が規制を強めるなかで日本だけが門戸をどんどん拡大していけばどうなるかは火を見るより明らかなわけで、日本も早急な進路変更が必要なのはいうまでもない。いまさら周回遅れのグローバリズムなど追いかけたところで害にはなっても得はないのである。

人命尊重のあまり議論を封鎖するメディア

これは宮崎正弘先生との対談（『世界大地殻変動でどうなる日本経済』ビジネス社）でも指摘したことで大声ではいいにくいことなのであるが、日本の一番の弱さ、弱点というのは「失うものが多すぎる」ことだ。つまり良くも悪くも「人命」が高いのである。これはすべてにおいていえる。

対中国、韓国、北朝鮮のような外交問題、社会保障や少子高齢化対策といった、早急に手を打たなければならない日本の根本問題にしても、人命の高さがネックになっている。日本人の長所に違いないのはいうまでもないが、日本の政治家にとって、日本人の人命は世界の国民に比べて何百倍も高い。中国や韓国、北朝鮮はいうにおよばず、ロシアも中東もアフリカも南米も人命に対する認識ははるかに安い。

日本のスタンスは正しいことではあるが、同じ価値観を外国に求められないのが実態で、そこに競争や対立がある場合はなおさら注意しなければならない。核廃絶が叶(かな)わないのもそういう理由なのである。

たとえば中国の高速鉄道の事故を見ればわかるだろうが、まともな現場検証もせず、不都合な事実は穴を掘って埋めてしまう。

遺体の収容をせぬまま、穴を掘って埋めたことが確認されている。

また昨年起きた天津大爆発も同様である。二六億人分の致死量といわれる青酸化合物や重金属、それ以外の有害物質が多数保管されていたにもかかわらず、その除染がまともに行われているとはまったく思えない。

同様の事件が日本で起きたとすれば、政府がどう対応するか、世論がどう動くか考えればその差は歴然としているであろう。

トランプとドゥテルテで変わった政治の「言葉」

国際社会を見ていくうえでも、人の値段に大きな格差があることを理解する必要がある。同様に日本政府が主張している、自由、平等、人権などの普遍的価値、いわゆる西側世界に属する人たち、先進国の人たちにとっては非常に高いものであるが、それを訴えている相手にとっては、二束三文である現実があることに目を向けなくてはならない。

フィリピン大統領のドゥテルテにしても、確かに欧米的な価値観でいえば、人権問題として受け入れられないことだろう。容疑者を裁判をせずにいきなりピストルで撃ち殺すというのは、いささか度が過ぎている。が、フィリピンの現実に立てば撃ち殺す以外に方法がない。そうでなければ、あの支持率の高さは、いったいなにに由来するのだろうか。

フィリピンにおいて麻薬は貧困原因となっている。麻薬を吸引することにより亭主が働かなくなり一家が路頭に迷う。アルコール中毒の患者もいるが、それよりも酷い。

ドゥテルテは「麻薬戦争」により、麻薬密売人を撃ち殺すことにより、それを防いだのだ。それがフィリピンでは現実的対応となる。ドゥテルテからいわせればその現実を理解せずに、一方的に価値観を押しつけて全否定する欧米先進国の人間のほうがバカだという話なのだ。

その点、ドゥテルテは口は悪いが、リアリストであり、ナショナリストである。彼は本能的で表現力に長けている。フィリピン国民の九一％が支持をしているのである。

ある種、トランプがメキシコ国境に「万里の長城」をつくるというのも、そうせざるをえないほどの過酷な現実があるからなのだ。

ドゥテルテ大統領が強権を振るうフィリピン出身の世界的ボクシングチャンピオンで、同国の国会議員でもあるマニー・パッキャオとトランプ。南シナ海問題を中心とする米比関係にも世界的な注目が集まっている。

トランプも登場してから、ずっと「言葉」で叩かれてきた人だ。

トランプであればドゥテルテの言葉にも、乱暴な表現の本音の部分に耳を傾けられるのではないだろうか。アメリカの民主党的な「人権」で攻撃するのではなく。トランプードウテルテ体制になれば、米比関係も大きく変わる可能性がある。

難民・移民問題の本質

ブレグジッドにしても欧州の混乱にしても、トランプ大統領誕生においても、移民・難民問題が与えた影響は、非常に大きなものであるといえる。しかし、一部リベラリストを名乗る人たちは、移民・難民を温かく受け入れ、国際化に協力すべきだなどとキレイごとをぬかす。だが、本当に正しく人道的な行為であるか、もう一段深く考えてみる必要があるだろう。

中東とアフリカで大量に発生した移民・難民のなかには、それを隠れ蓑にして単に豊かなヨーロッパを目指して行った人たちも少なくないのである。

彼らがそれぞれの出身国で、本当に貧しい階級であったかといわれれば、大半は違うといわざるをえない。なぜならば、移民・難民を行うにあたり、物資を買いそろえ、一人二〇万円以上といわれる難民業者への費用を払える人がほとんどであったからである。つまり、高学歴であり高所得層の人たちなのである。受け入れることは簡単であるが、そのような高学歴層、いわゆる支配階級にある人たちが失われた、その国、その地域、その土地はどうなるのであろう。結果的に不毛の大地となるのではないだろうか。

日本の場合、島国という特殊環境であるがゆえに、そうしたことが起きづらい状況にある。しかし度重なる災害に見舞われる災害大国でもあり、自らの力で再建する国家をつくりあげてきたわけである。だからこそ、明治維新数十年の間に欧米列強と肩を並べる大国となり、第二次世界大戦後の焼け野原から復興を遂げることができた。

これをなし遂げることができたのは、一人ひとりの国民の努力、またそれを計画し指示し実行する支配階級の人たちがいたからでもある。

移民・難民を受け入れてしまうということは、そのような人たちを奪うことすら意味するのである。

ちなみに、移民・難民を積極的に受け入れたドイツでは、近年の難民として受け入れた人たちの就業率が一三%しかないことは前に述べた。この一三%という数字も補助金や自治体の支援を受けての数字であり、一般のドイツの失業者の何倍にもあたるわけである。一言でいえば、労働意欲の低い人たちだったのである。

日本のリベラルも完全に終わり

繰り返すが、自由、平等、人権はわれわれにとっては尊ぶべきものではあっても、この価値観を屁とも思わない人たちにそれを論じてどうなるのか。その対立が集約されたのがある意味、南シナ海の問題なのである。

国際法を「紙くず」という連中を相手にしているということを、まず理解するところから始めなくてはいけない。なにも政治家だけじゃなくて、国民も認識して動き出さないと大きな間違いを犯してしまう。これまでも間違ってきたし、これからも間違える可能性があることをしっかり認識してほしい。

日本でリベラルと称している人たちにいつも首をかしげざるをえないのは、日本国内では人権擁護を叫ぶのに、外国の、特に中国の人権犯罪とか、さまざまな不法行為に対してなに一つ声を上げないことだ。

これは異常ではないのか。

他人の人権や自由を侵さないし自分も侵されたくないというのがリベラルの態度である

なら、外国の人権侵害を突っ込んでこそ本物である。そういうリベラルの歪みがメディアを含めて日本の言論界に歴然と存在している。しかし、インターネットというものが誕生したことによって、偽善が暴露され始めた。人の為と書いて「偽」と読むのである。

グローバリズムとはなんだったのか

グローバリズムの本質をより理解しやすくいうと、国境なき人々、国家がない人々＝反国家主義者である。

反国家主義者と国家に税金を払いたくない人たちとは表裏一体の関係があって、両者を含めてグローバリズムになった。パナマ文書に代表されるように、国際間の課税制度の違いを利用して脱税をし、国籍を明確にしない人たちが進めていたグローバリズムが、もともとそこに住んでいた愛国者、素朴に国家意識を持っている人たちとの間で軋轢（あつれき）を生み出した。その結果、ブレグジットとトランプ大統領でついに崩壊した。ワンワールド化という世界観やグローバル・サプライチェーンという経済システムも、ほどなく壊れていくであろう。

Wow, the @nytimes is losing thousands of subscribers because of their very poor and highly inaccurate coverage of the "Trump phenomena"

翻訳を表示

30,757 リツイート　106,841 いいね

6:16 - 2016年11月13日

30,757　106,841

2016年11月13日付トランプのツイッター。「トランプ現象をとんでもなく見誤ったせいで、ニューヨーク・タイムズの読者は何千人も減ったぞ」とつぶやいている。

わが国においても保守系言論人たちがどんどん出てきて、朝日新聞を中心としたリベラルメディアへのバッシング、左翼知識人批判に向かっている。

リベラルとグローバリズムは非常に親和性が高く、もともと共産主義のようなアナーキズム、反国家主義的な要素が強い。ナショナリズム対インターナショナリズムのはずが、いつの間にか国家という枠組みがないグローバリズムという言葉に、国際化が入れ替えられてしまった。これがふたたび国家間の対立、あるいは協調というインターナショナルな世界に戻るのである。

大手メディアはリベラルの言葉で総力をあげてトランプをつぶしにかかったが、ア

メリカ国民は洗脳されなかった。トランプ大統領誕生とともに、世界のリベラルも日本のリベラルも完全に終わったといっていいだろう。グローバリズム、リベラリズムの先頭を走っていた米英がそれを放棄したのだから。

世界で見直された日本型ビジネスモデル

仮にヒラリーが大統領になったとすればオバマ政権の踏襲にすぎず、世界経済にとってもじり貧でしか進む道はなかったであろう。それに対してトランプ大統領誕生は、世界の支配構造に大きな変革を突き付けたという意味を持つ。アメリカ国民がそれを求めたわけであり、その直前にはブレグジットによりイギリス国民が自国優先をうたい、自国の雇用を守ることを求めていた。

日本企業にとってこれはチャンスである。

産経新聞の記者である田村秀雄氏はトランプ大統領は、日本にとってはビジネス・チャンスととらえる発想こそが必要だと説いている。

日米の税引き前経常利益に対する総資本と株主資本の比率を比較すると、日本のほうが水準が高く、一三年以降は両比率ともに上昇を続けているという。

ところが日本企業は、

「株主重視のアメリカモデルに追随し、アメリカを追い越したのだが、株主資本の多くは利益準備金で占められる。設備投資や賃金・雇用に資金を回さずに、利益をため込んでいる。12年末から今年6月末にかけての株主資本（純資産）増加額は114兆円、このうち利益剰余金は90兆円にも上る。

リーディング企業はいいかげん、国内重視の積極投資攻勢に転じてはどうか。アメリカ型をこれ以上、墨守したところで、円安・外需頼みでは行き詰まる。国内投資で雇用改善を実現し、日本型モデルを確立し、アメリカに対して日本の存在感を高めるときだ」（フジサンケイビジネスアイ「田村秀男の経済から世界を読む」）というが、筆者もまったく同意見である。

世界中でナショナリズムが強まる流れにおいては、日本型のビジネスモデルが見直される。まさにトヨタがやってきた国際戦略である。

トヨタというのはその地域に下請けまで連れて行って、現地に生産拠点を築いて学校や公民館までつくって、運動会も一緒にやる。アメリカでもイギリスでも世界中どこでも、である。だからトヨタがプリウス問題で叩かれたときも最後にトヨタを救ったのは、その地域のアメリカの議員たちなのである。

日立も日本車両もそうだが、すでにアメリカに工場を持っている。アメリカ国内で部品も調達している。現地との調和性があるから、アメリカや世界中から日本企業は好かれているのである。このようなビジネスモデルであれば、外国企業でも地域に愛され、地域に根付くのである。

したがって中国型のような、従業員までまるごと輸出し、現地と軋轢を起こすようなやり方は今後ますます難しくなるであろう。

日本では最終組み立て地は最終消費地に近いところに移動を始めている。これまでだったら、中国や韓国などの賃金の安い第三国でつくらせて輸出していたものを、消費地であるアメリカやヨーロッパ圏内に、生産基盤をつくるように方針を変えた。スズキがパナソニックと組んで、インドで電池生産に入るのもその一例だろう。

こういうモデルを日本企業はよりいっそう拡大しなければいけないだろう。日本政府や外務省はトランプ大統領にそうした日本のビジネスモデルをきちんと伝えていかなければならない。トランプの対日観は日米貿易摩擦が激しかった一九七〇年代、八〇年代の印象でしかない。東芝のラジカセやトヨタの車を叩き壊してうっ憤を晴らしていた、かつてのアメリカ人だ。すでに貿易摩擦は日米では過去のものになっているはずなのに。

だからこそ日本型ビジネスモデルを拡大しきちんと発信していく。それが生き延びる道になるのである。

加えて、トランプは一〇〇日計画で、一兆ドル程度のインフラ投資を提言しているのも日本にとって追い風となろう。

安倍政権は、財政出動による列島強靭化などを進めるとしてきたわけであるが、これがなかなか進んでいない現状が存在する。これは財政均衡主義を唱える財務省と国際世論とのバランスによる側面が大きい。しかし、このアメリカの方針転換はこれに追い風である。アメリカとともにインフラ拡充による財政出動を正当化すればよいのである。

グローバリズム崩壊は若い人たちのチャンス

反グローバリズムという世界の新たな潮流は、保護貿易、企業における生産拠点の自国回帰を促し、外資にたよっていた新興国にとっては不幸なことかもしれないが、「アメリカ・

ファースト」をアメリカ人は選択したのである。日本もこれからはもっとエゴイズムを出していかねばならないであろう。

すでに各国とも動き出している。

たとえば、アメリカで移民受け入れが難しくなっているため、投資移民を受け入れているカナダの移民受付けの窓口がパンク状態になっている。日本にもそうした移民がやって来る可能性があり、移民を徹底的に制御する必要に迫られているのである。

すなわち、グローバリズムは完全に終わった。

そのことを国民も政治家もまず認識しなくてはならない。グローバリズム終焉という世界の大きな絵図を眺めたうえで、日本はどう生き残っていくのかということを日本人全員が考えなくてはならない。そして政治家は夢を描き、具体的な政策を考えなくてはならない。

繰り返すが、トランプ大統領誕生はヒラリー的なるものの敗北といってもいい。ヒラリーに象徴されるグローバリズムは完全に終わったという前提にわれわれは立たなければならない。気づけば、プーチン、エルドアン、モディ、ドゥテルテ、トランプ、そしてわが国の安倍首相と世界の中心にいるのはナショナリストばかりなのである。

と、同時に既存のメディアの終わりが始まった。ブレグジットに続き、トランプ大統領も見誤った。

端的にいえば、テレビ・新聞などの大手メディア、レガシィメディアの情報支配力が崩壊した。これによって、いままで行ってきた選挙モデルも、すなわち政治家の輩出も不可能となった。そういうかたちでこれまでの支配構造が連鎖的に壊れていく。その連鎖崩壊の始まりにいまわれわれは立っているのである。

その兆候は日本でもすでに起き始めている。少し前まではジャニーズ事務所の批判は一切タブーだった。芸能事務所も出版社もやってはいけなかった。ところが、いまやその力を一気に失った。

広告代理店大手の電通もそうだ。あの電通に厚生労働省東京労働局などの強制捜査のメスが入ったのである。

かつての聖域や既得権益が崩れつつあるというのが、いまの状況だ。まさに時代がぬり変わろうとしている。若い人たちにとって重しが取れかかってきている。これをチャンス到来ととらえ、なにができるのか考えることが重要なのだろう。

おわりに

世界が変わる第一歩

いま、世界は大きく動き始めている。時間の流れは止められない。また、歴史は繰りかえす。

一九八〇年代以降、隆盛を誇ったグローバリズムの見直しが世界で進んでいる。今回のトランプの勝利もその歴史の一部であり、歴史という連なる糸の転換点でしかない。

国民は国家に帰属し、国家は国民により運営される。その最たるものが選挙であり、選挙により政治体制が決定され、政策も決定されてゆく。これが近代民主主義の基本であり、「国民主権」と「民族自決」原則ということになる。

では、グローバリズムとは何だったのかということになるわけだが、世界が一つになるという幻想による国家の否定であり、それは近代民主主義原則に反するものであったといえる。国家の否定は民族自決原則の否定にもつながるからである。そして、これは大多数の人たちを不幸にした。格差問題がその典型であり、グローバリズムによる恩恵を受けられた人はわずかであったからである。

豊かなものも貧しいものも一票は一票である。貧しいものが増えれば、一人一票原則により政治体制や政策は否定される。そして、世界中で政治が動き始めたわけである。二〇一六年だけで見ても、台湾では独立派を中心とした民進党が勝利し、英国はEUからの離脱を選択、欧州大陸側でも民族派を中心とした右派勢力が大きく議席を伸ばしてきた。そのなかでこれを決定づけたのがトランプの勝利であったわけである。

民族派勝利の陰には、グローバリストやグローバリズムを悪用した人たちへの不満があったのも事実であるのだと思う。今年四月にはパナマ文書の存在が発覚、国家間の税制の違いを利用した不正が世に知らしめられた。それを利用していたグローバル企業やグローバリスト、そして、それを斡旋（あっせん）してきた国際金融機関もやり玉に挙がった。

そして、欧州では移民や難民問題が大きくクローズアップされ、それが大きな社会問題になっている。欧州の人たちは当初移民や難民に対して同情的であり、それを支援する方向に動いた。それでもその存在がみずからの生活を脅かす存在になったとき、一気に手のひらを返し、排斥する方向に動き始めたわけである。また、日本では蓮舫氏の二重国籍問題が大きな社会問題になり、政治と国籍についての議論がはじまった。

グローバリズム見直しの動きは世界で同時多発的に発生しており、これは今後も加速度をつける形で世界中に波及するものと思われる。そして、国家の意思が明確化するとともに、その役割は拡大し、国家間の対立と衝突が強まるだろう。また国家と国民、権利と義務の関係も大きく見直しが進む可能性が高い。トランプ大統領誕生はこの始まりの一歩でしかないのである。

本書の刊行にあたりご尽力いただいたビジネス社の唐津隆社長、編集を担当いただいた佐藤春生氏、インターネットなどを通じ、情報をいただいたりご支援いただいている方々に御礼申し上げます。

皆様ありがとうございます。そして、これからもよろしくお願いいたします。

渡邉哲也

[著者略歴]

渡邉哲也（わたなべ・てつや）

作家・経済評論家。1969年生まれ。日本大学経営法学科卒業。貿易会社に勤務した後、独立。複数の企業運営に携わる。インターネット上での欧米経済、アジア経済などの評論が話題となり、2009年に出版した『本当にヤバい！欧州経済』（彩図社）がベストセラーに。内外の経済・政治情勢のリサーチ分析に定評があり、様々な政策立案の支援から、雑誌の企画・監修まで幅広く活動を行う。主な著書に『世界大地殻変動でどうなる日本経済』『余命半年の中国経済』『中国黙示録』『これからヤバイ世界経済』（以上、ビジネス社）、『戦争へ突入する世界 大激変する日本経済』『中国壊滅』『ヤバイ中国』（以上、徳間書店）、『日本人が知らない世界の「お金」の流れ』（PHP研究所）など多数。

写真提供／アマナイメージズ

第45代アメリカ大統領誕生　トランプ！

2016年12月23日　　第1刷発行
2017年 1 月 1 日　　第2刷発行

著　者　渡邉哲也
発行者　唐津　隆
発行所　株式会社ビジネス社

〒162-0805　東京都新宿区矢来町114番地 神楽坂高橋ビル5階
電話　03(5227)1602　FAX　03(5227)1603
URL　http://www.business-sha.co.jp

〈カバーデザイン〉大谷昌稔
〈本文組版〉茂呂田剛（エムアンドケイ）
〈印刷・製本〉半七写真印刷工業株式会社
〈編集担当〉佐藤春生　〈営業担当〉山口健志

ISBN978-4-8284-1928-2